일본어 직청직해로 어휘의 범위를 넓혀라: 일본 유학준비생을 위한 조언

목 차

머리말

일본어 정복 멀지 않다

일본어 정복 그리 먼 이야기가 아니다. 일본어 정복의 가장 큰 산으로 보이는 소리 정복, 한자 정복 때문이라도 일본어 정복은 아주 멀게만 느껴지지만 꼭 그렇지도 않다. 분명히 답이 보이는 부분이 있고, 많은 사람들이 마스터를 했다. 즉 해도 해도 답이 안 보이는 부분이 큰 영어정복과는 조금은 차이가 있다는 뜻이다. 다만 모두들 시간이 없지 않은가? 최단시간으로 일본어를 정복할 수 있는 방법을 제시하고 같이 하고자 한다.

직청직해로 어휘의 범위와 청크를 넓혀라

이번 책에서의 핵심은 결국 직청직해로 어휘의 범위와 청크를 넓히라는 것이다. 그것이 바로 답이다. 그에 대한 이야기를 통해서 여러분들의 어학생활에 대한 답을 제시하고자 한다. 유학도 생활회화도 전혀 두려움을 없애고 진군하라. 단어장을 보조두뇌화해서 만들고 그 양을 늘리다보면 결국 자신의 실력은 향상된다.

언젠가 해야지

언젠가 해야지 하는 분은 이렇게 필자가 시키는 대로 해보기 바란다. 이 방법이 최선의 방법이다. 세계에서 가장 빨리 외우는 과정으로 안내하겠다. 다들 '언젠가 해야지' 하면서도 실천하지 못하는 것은 분명히 자신의 방법에 대한 확신을 갖지 못하는 부분이 크다고 본다. 그런 것을 극복하기 위해서는 분명한 자기 확신이 있는 어학공부법으로의 무장이 중요하다.

어학공부의 확신

'내가 뭐하는 걸까?' 하는 아쉬움이 이어지고 또 이어지는 게 바로 어학공부이다. 그런 아쉬움에서 벗어나 오로지 정복의 목표만으로 나아가게 해드리겠다. 그 확신을 이번에는 바로 '실시간 단어파일과 청크를 많이 만들어두기'를 관건으로 해서 해설하고자 한다. 그러면서도 우리 어학방법론의 핵심인 여러 가지 요소들의 활용도 소개한다.

절망을 희망으로

이 책으로 사람들이 희망을 가지게 해야 한다. 무슨 희망? '이젠 일본어 시험도 잘 보고, 회화도 문제가 없겠구나.' 하는 희망이다.

사명감

여러분들이 더 잘되기를 바란다. 앞서간 선배들의 시행착오를 겪지 않기를 바란다. 세상은 넓고 할 일은 많은데 시간은 한정이 되어 있다. 정보도 많고 머리에 넣어야 할 것도 많은데 시간은 한정되어 있다는 이야기이다. 그러기에 이 책에서의 방법으로 가장 빠른 시간 안에 일본어 실력을 해결하기 바란다. 어학, 아직은 우리가 완전히 정복을 못했기에 이렇게 시간을 두고, 이렇게 시간을 쓰고 있다. 반드시 빠르게 어학정복을 하게 해드리겠다.

Ⅰ. 서론

I. 서론

1. 시간 절약

1) 시간을 앞으로 못쓰기도 하고

중국어(또는 일어 등의) 학습의 관건은 영어만큼의 노력을 기울일 시간이 없기에 최대한 학습 시간을 줄여야 한다는 것이다. 그게 아마도 모든 학습자들의 공통된 고민일 것이다.

2) 이미 시간을 많이 썼다

생각해보면 놀고 있었던 것도 아니다. 단어(특히 그 소리 음성)와 그 뜻(원어 뜻이던 한국어 뜻이건, 소통 내지는 리스닝이 될 수 있는 단위)사이의 소통을 암기하고 이해하려 열심히 노력했는데도 아직 스스로가 만족할만한 수준이 되지 않았다면 그것은 바로 청크 단위의 입력이 되지 않아서이다.

'지금껏 해놓은 게 많은데 괜히 무용한 노력을 두 번하는 것은 아닌지?'라고 생각이 든다면 정신줄 놓지 말고 이 책의 조언대로 학습해보기 바란다.

2. 리스닝 어렵지 않다

1) 그 나라 거지도 그 나라 말 한다

지적 수준이 그리 높지 않아도 말이다. 일본을 가보라. 상대적으로 일본은 유럽이나 미국보다 더 부랑인이 없는 나라이기는 하지만. 거기도 거지는 있고 구걸을 한다. 그런데 일본어로 구걸을 한다. 그런 일본 거지도 구사를 한다면, 아무리 그들에겐 모국어라고 해도 우리가 못할 것은 없지 않는가?

2) 결과물 보면 사실 별거 없다

언어란 사실 일상생활에서 서로 주고받는 말이다. 서로 생활에서 주고받는 이야기 일상사, 사랑이야기, 먹고 사는 이야기, 뭐 뉴스에서 좀 심각하게 떠들어도 세계 경제 동향정도이다. 우리가 모를게 없다는 것이다.

3. 영어와 비교

1) 영어는 소리와 빠르기가 관건

영어에서도 청크 단위의 훈련은 필요하다. 다만 그것은 주로 차이가 있다면 영어는 (우리의 관점으로 보기에는) 너무 빨리 발음이 되고, (또한 우리 입장에서 보면) 너무 불분명하기에 문제가 있다. 그래서 그것을 해결하기 위한 청크 단위의 훈련이 필요하고 받아쓰기도 필요하다.

2) 학습의 목표도 조금은 다르다

영어는 단어암기보다는 앞서 말한 소리의 경우에 중심이 간다. 그러나 일본어와 중국어에서의 청크 훈련은 단어의 암기 부분에 도움을 크게 준다. 청크가 단어를 암기하게 하고 단어가 또한 청크 암기를 잘되게 한다. 특히 후자의 경우는 청크는 단어의 조합으로 이뤄져 있어서 그렇다.

4. 과거의 노력에 대한 분석 및 반성

1) 실체

(1) 대본에 열심

이 책의 틀대로 우리 학습자들의 과거 과정을 대략적으로 이야기 해보면, 대본을 열심히 보기만 한 셈이다. 부지런히 같이 외운 셈은 아니다.

(2) 단어만 열심히 했지, 무엇을 안했나

그런데 반성을 해보면 그 '열심'은 효율적 방법, 즉 기억에 남는 방법이 아니었다. 또한 음성이라는 언어의 중요한 기능을 별로 살린 방법도 아니었다. 특히 영어는 어근이라는 기능이 없기에 일본어는 좀 다른 접근이 필요한데 그것을 감안하지도 않았다. 또한 무엇은 안했나? 라는 관점에서 보면, 연결 관계는 활용하지 않았다. 음향청크를 하지 않았다. 그런 식의 반성이 될 수 있고 정리가 될 수 있다.

2) 반성

그러한 실체에 대비해서 이런 식의 반성의 방향을 잡아 본다.

(1) 듣기와 소리에 좀 더 집중한다

문어적인 프린트가 아니라 소리와 말에 집중해야 한다. 그간 너무 글에만 집중하지 않았는지 반성을 해보도록 한다.

(2) 이어짐(청크)에 대한 처리와 고민이 되었는지를 생각한다

'이어짐 같은 것에 대해서는 전혀 공부를 하지 않았다. 단편적으로 개별 단어만 공부 했다. 이어짐이 중요한데 말이다.' 라는 식의 반성을 해보도록 한다. 그게 안 되면 '그러니 실력이 안 늘 수밖에 없다. 그럼 그런 이어짐에 대해서 연구를 했으면, 분명히 실력이 늘었을까? 분명히 이어짐이 잘 되었을 테니 실력이 늘었을 것이다.' 라는 식의 자기반성을 해보기 바란다.

쉬어가는 페이지 : 김찬삼

우리나라의 존경받아야 할 어른으로 김찬삼 교수님이 계신다. 이미 돌아가신 분이시지만, 우리나라와 중국, 몽골, 구소련 등과 수교도 없던 그런 시기에 미국이 어떤 나라인지 가본 사람이 드물던 시기에 전 세계를 돌면서 여행기를 제작하신 분이다. 그때는 각 가정에서 그분의 여행기를 바탕으로 세상을 바라보고는 했다. 그런 책을 만들기 위해서 온 세상으로 길을 떠났던 그분의 마음은 어땠을까? 동네방네 다 그분을 말렸을 거다. 먹고살기도 힘든 시대에 무슨 여행이냐고 말이다. 그래도 강행했을 거다. 그런 마음으로 여러분들의 일본에서의 인생을 살기 바란다.

아직 우리가 해야 할 일도 너무도 많고, 일본과의 관계에서도 할 일은 많다. 더 선진적으로 양국의 관계가 가야 하는데 여러 가지 정치적 이유로 양국의 관계는 늘 삐거덕거리는 게 많다. 그런 부분에서 여러분들이 남들이 하지 못하는 선진적인 관계 구축의 주춧돌이 되어주기를 바란다. 정치가 따라가지 못하는 부분에 우리 민간이 더 앞서나가서 김찬삼 교수 같은 일을 해주기 바란다.

Ⅲ. 시도를 하기 전에 도입할 원리

II. 시도를 하기 전에 도입할 원리

1. 들어가기

1) 언어생활 특히 음성 생활의 감안 도입

언어는 다른 학문과 달리 음성으로 말하고, 듣고 하는 부분이 일정부분을 계속 차지한다. 그래서 늘 우리의 언어생활 등을 감안해서 고민하고 연구해야 한다.

2) 논리에 맞는 게 좋다

논리가 없다면 어떻게든 해라. 다만 음성생활을 도입하는 것도 하나의 원리이다. 왜 세상 사람이 나를 포함해서 그렇게 언어를 사용하기 때문이다. 그래서 정확히는 논리에 맞는 게 좋은 정도를 넘어, 논리에 맞아야 한다.

2. 받아쓰기해라

1) 의미

받아쓰기가 효과적이라는 것도 거의 모든 사람이 공감하는 외국어 학습의 진리이자 원리이다. 다만 그것을 어떻게 나의 학습에 도입할 것인가가 문제가 된다.

2) 변형을 해야 한다

아무리 좋아도, 무턱대고 받아쓸 수 없다. 뭐를 어디서부터 어떻게 하라는 것인지, 받아쓰기의 방법에 대한 의심이 든다.

3. 예문으로 외워라

1) 의미

'예문으로 어학을 공부한다.' 만큼이나 널리 알려져 있고 딱히 반박의 여지가 없는 말이 또 있을까? 그러나 지금 여기서 말하려는 것은 다소 차원이 다르다. 즉 사람들이 흔히들 어학은 예문으로 익혀야 한다고 말하는 것은 활용의 측면이라면, 필자는 여기서 여러분들과 암기의 고민으로서 같이 검토하고 있다.

2) 암기에 도움이 되게 한다

그래서 암기에 도움이 되게 해야 한다. 그러려면 필자가 시키는 대로 확률이 높고 아주 고정화 될 정도의 쓰임이 되어 있는 표현을 그 해당외국어를 통해서 외워지게 해야 한다. 그게 아주 도움이 된다. 물론 상당수의 사람들은 그냥 지금 우리의 고민 수준까지는 아니고 아무 생각 없이 하는 소리이고, 그래서 고민할 부분은 '예문이라고 해서 다 예문은 아니다'이다. 즉 예문을 쓴다고 해서 다 적용되고 해당되는 게 아니라, 그 중에서 필요한 거, 쓸모 있는 거, 오래가는 것을 골라내야 한다.

4. 크게 소리 내서 하라 원리

1) 원 의미

요즘 들어서 음성언어 내지는 음성외국어 학습의 중요성이 대두되면서 더욱더 큰 소리를 내어서 제대로 외국어 학습을 하라는 식의 이야기를 많이들 한다.

2) 나에게 특히 해당하는 변형원리

(1) 선행학습의 원리

앞을 잘 알면, 그 뒤의 아랫단의 것은 아주 껌이 된다는 학습 원리에 기반을 둔 것이다.

(2) 강사의 원리

① 의미

관련원리로서 '강사의 원리'를 염두에 두어보자. 강사의 원리란 어느 과목을 공부함에 있어서 거의 강사수준의 지식과 어프로치를 둬서 좀 더 쉽게 합격권에 간다는 원리이다. 강사들이 시험을 본다면 만점은 아니라도 초 고득점은 받을 것이기 때문이다.

② 왜 강사 원리는 뛰어난다

심적 자극이 된다. 또한 확실한 방법론을 스스로 찾게 된다. 그래도 학생들의 머리꼭대기에 올라가서 학생들을 지도하고 이끌려면 그에게는 확실한 자기 원리가 있어야 한다. 그래서 그게 질적 동기부여가 된다.

③ 말해보면 내 것이 된다

어떤 강사 분은 말해보면 내 것이 된다고 하시더라. 맞는 말씀이다. 백날 수동적으로 공부해봐야 실력이 늘지 않는다. 자기 것으로 자기 뇌, 자기 귀에 넣은 어학 지식만 자신의 지식이다. 그전에는 아무것도 내 것이 되지 않는다.

(3) C교수 원리

전설의 C교수라는 분의 원리 또는 법대생 원리라고 한다. 법대생 이론(법대생5분이론)이라고 불리는 이것은 그 분이 법대생 시절 받았던 질문들, "네가 적어도 법대생이라면, 그것도 대한민국 최고 법대를 다니는 학생이라면 최소한 이것은 알아야 할 것 아니야." "내용을 줄줄 꿰고 있어야 하는 것 아니야?" 라는 질문에 유창하게 답할 수 있도록 매우 열심히 공부하고 노력한 것에서 비롯된 이론이다.

우리가 이것을 어떻게 도입할까? 계속해서 받아쓰기만 할 게 아니라 정돈을 해가면서 해야 한다. 그냥 받아만 쓰면 도대체가 어떤 지식이 어떻게 되어 있는지가 막연하다. 즉 끄집어내올 수도 없고 그래서 결국 써먹지 못하고, 망신을 당할 수 있다. "네가 그러고도 명문법대생이냐?" 하고 핀잔을 받듯이 말이다.

(4) 개수 제한

뭔가 반짝하는 암기수단도 암기할 것의 개수가 많아지면 무용지물인 경우들이 너무도 많다. 그래서 개수를 파악하는 것도 중요하고 개수를 제한하는 것도 중요하다.

5. 여름에도 집합 겨울에도 집합

1) 의미

자신이 분명히 단어장을 출력해서 들고 다니며 열심히 보기는 했지만, 청크단위로 열심히 보고 그러지는 않았다. 그래서 여름에도 집합 공부하고, 겨울에도 집합 공부하게 되는 것 같은 상황을 벗어나지 못했다.

2) 뺑뺑이는 의미 있는 것의 뺑뺑이가 되어야 한다

결국 이것도 뺑뺑이를 돌아야 하는 것이다. 뺑뺑이는 의미 있는 것의 뺑뺑이가 되어야 한다. 의미 없는 것의 뺑뺑이가 되면 효용이 없고, 그래서 여름에도 집합 겨울에도 집합이 된다.

그런 노력이 의미가 있는가? 그런 노력이 있어서 추가로 외워져야 '여름에도 집합'을 초월한다. 청크 단위로 나옴도 '겨울에도 집합 여름에도 집합'을 벗어나기 위한 시도이다. 그간에 그냥 단어 암기만 계속 하는 것은 불합격권자들의 시도에 불과하고 말이다.

3) 미답의 세계를 밟아야 한다

일본어로 미도(みとう[未踏])의 세계를 자꾸 밟아야 한다.

6. 쌍대 원리=암기사항은 그냥은 두지 말라

1) 의미

그냥은 두지 말라 원리는 학습에서의 가장 기본이 되는 원리이다.

2) 관련 원리

김일병 원리가 적용된다. 어학은 절대적으로 특히 음성이 개입되면 김일병 원리가 적용이 된다. 군대에 배치 받은 신병들은 몸을 툭 치기만 해도 자신의 관등성명을 줄줄 대답할 정도로 기계적으로 암기를 하고 생활한다는 원리를 말한다. 그와 같이 우리의 외국어 공부도 그 바탕으로 학습의 방법이 짜져야 한다.

3) 중국어의 경우

영어에서도 하나의 단어 단위의 의미는 조금 쇠퇴하고, 덩어리의 청크가 의미가 있는 것처럼 중국어도 그렇다. 특히 중국어는 같은 소리로 이뤄진 단어들이 다른 의미를 지니는 동음이의어가 너무 많기에 다른 것과의 연결을 가지고 보는 중국어를 보는 것이 합당하다.

7. 밑 빠진 독에 물 붓기 원리

1) 의미

시험이던 공부든 남는 게 없으면 곤란하다. 그 이유를 찾아야 한다.

2) 하나하나를 하면서 채우는 맛이 있어야 한다

수시로 사람들과 만나서 무엇인가를 채우려고 애를 써도 채워지지 않았다면 문제가 분명히 크다. 그것을 개선해야 한다. 들었으면 정리하고 발전이 있어야 한다.

특히 그 정리에는 외롭지 않게 해두는 노력이 중요하다. 그래서 알 듯 말 듯 내지는 알기는 아는데 좀 헷갈리는 단어들은 반드시 짝짓기를 통해서 확실히 굳은자를 만들어 둬야 한다.

8. 단권화 원리

1) 의미

그렇게 보면 단권화 원리는 정리의 원리이면서도 뇌의 원리이다.

2) 관련원리

밑 빠진 독에 물 붓기 원리의 극복이 단권화이다. 단권화가 안 되면 밑 빠진 독에 물 붓기처럼 정리가 안 되고, 여기 저기 메모를 하고 마구 적게 된다. 정리가 되면 깔끔해 진다.

9. 기억원리 학습에 기반을 둔 보조 두뇌의 원리

1) 가나다 순서

가나다 순서는 우리의 모국어가 도구로서 활용이 수월하고 정서적 가까움에 기반한 것이다. 외국어를 배움에 있어서의 대상과 보조도구는 구별을 할 필요가 있다. 그래서 배움의 보조도구는 가급적 모국어를 통하는 게 좋다. 배움의 대상도 외국어인데 힘들게 보조도구까지도 어려운 외국어를 통해서 할 필요는 없다. 그래서 모국어가 풍부할수록 더 풍부한 외국어를 구가하게 된다.

그럼 그렇게 정의내릴 수 있는 모국어 실력이란 무엇인가? 일단 그것은 어휘력을 의미한다. 풍부히 이야기를 듣고 이야기를 말 할 수 있어야 한다.

2) 중간에 끼워 넣어라

그래서 한국말로 정리된 중간에 끼워 넣어라, 그러면서 하다보면 (한국어표기를 기준으로) 그 단어와 유사한 단어들의 뜻과도 자연스럽게 비교가 되면서 흡수가 된다.

그게 반대로 여기저기에 막 적어서 정리를 하는 것은 의미가 좀 떨어진다. 단정히 정리가 되었다는 게 의미가 크다.

10. 언어는 소리까지 같이 가야 한다 원리

1) 의미

언어는 소리까지를 같이 가야 한다. 과거 우리나라의 외국어 수업에서의 열악함으로 소리에 대한 연관학습이 많이 부족해 언어의 본질에 이르지 못한 부분이 크다.

2) 큰소리로 읽어라 원리도 여기에서 나온다

앞서 소개했고 이 책의 전반에도 흐르는 큰소리로 읽어라 원리도 이 부분과 관련이 있다.

11. 노력과 시간의 원리

1) 제비집 이론

제비집을 지으려면 처음엔 고통스러운 노력이 필요하다. 일정부분까지 가기에 너무 힘들다. 처마 밑이나 벽에 지어진 제비집이나 큰 나무 위의 꼭대기에 지어진 새집을 보면 처음에 그 뼈대를 만들기에 얼마나 어려웠을까? 하는 생각이 들지 않는가. 바람에 날아가기도 하고 말이다. 그러나 어느 정도 그야말로 세팅이 되고나면 그때는 좀 쉬워진다.

2) 괴로운 긴 초기 터널 이론

공부의 초기에는 그냥 막무가내로 계속 보면서 머리에 넣어야 하는 시기가 있다. 그 시기를 고통스럽더라도 잘 넘어가야 머릿속에 틀이 형성이 되면서 진정한 지식으로 변하는 시기를 맞게 된다.

쉬어가는 페이지 : 공부해서 남 주지 않는다

‘공부가 제일 쉬웠어요.’는 과거에 이슈가 되었던 책의 제목이자 유행어였다. 그런데 일본어 공부가 그렇다. 좀 더 넓게 말하면 어학공부가 그렇다. 방법만 확고히 되면, 트랙대로만 가면 되니까 말이다.

일본어와 중국어는 한자 사용의 유사점이 있어 같이 학습하면 같이 외워지는 측면, 저 말과 이 말이 연계가 되어서 나오는 측면이 있지 않을까 고민중인 분들은 중국어도 과감히 공부하기 바란다. 이제는 한 개정도의 외국어만으로는 그 사람의 인적 경쟁력이 보장되지 않는 시대이니 말이다. 심지어 공부에 재미를 붙이면 다른 잡념도 많이 사라짐을 느낀다. 지적인 힘이 잡념을 억제하는 것도 느껴진다. 성인으로서 말이다.

어른 들 말 틀린 거 하나도 없다는 게 나이가 들수록 느끼는 진리이다. 공부해서 남 주지 않는다. 지금 내가 이걸 공부해서 뭐하랴 하는 생각이 드는 공부래도 반드시 나중에 보상을 받게 되어있다. 특히 그러려면 그 사람의 오픈마인드가 무척중요하다. 공부해서 남 주지 않는다. 꼭 보상을 받을 것이며, 그렇게 받도록 삶의 태도를 적극적으로 구성하라.

지식이 가득하면 행복하다. 외국어는 지식이면서 동시에 새로운 지식으로 가는 창구가 된다. 그러니 행복의 근원일 수밖에 없다.

Ⅲ. 결국 언어를 빨리 잘 하려면

III. 결국 언어를 빨리 잘 하려면

1. 일대일의 관계가 바로 나와야 한다

1) 의미

수준이 높아지면 외국어를 접했을 때 한글 매개 없이도 안다는 사인이 머리에서 나오게 된다. 마치 방송에서 노련한 연기자가 나오면 피디가 바로 오케이 사인하듯이 말이다.

2) 불필요이 반복해서 자주 보는 횟수가 주는 게 핵심이다

보던 것을 보고 또 보고 하는 것은 의미가 없다. 자주 보는 횟수를 줄이는 게 핵심이다.

2. 복합단어가 못 따라가는 경우

나의 이론 확립의 재점검으로서의 중요한 것을 확인해 보면 결국에는 단어와 단어의 결합 또는 단어와 청크의 결합 또는 나아가서 청크와 청크 문장과 문장의 결합이 바로 언어이다. 그러기에 각각의 한 단어 한 단어 정도는 계속 자기 것으로 기억하고 있다고 해도 그것들이 뭉치면 안 들리고, 이해도 안 된다면 그것은 각 단어의 수준들이 아직은 올라오지 못해서 그런 것이다.

만약에 한 두 단어는 따라가도 복합 단어를 못 따라가면, 그것은 훈련의 문제이다. 그런데 그 전에 각각의 단어들의 뜻은 명확히 그 수준이 올라와야 한다.

3. 단어의 실시간화가 제일 중요

1) 의미

단어의 실시간화가 제일 중요한 개념 중의 하나가 된다. 이에 대해서는 다른 곳에서 좀 더 자세히 그 뜻을 보자. 그것이 앞으로 나올 본문들의 이야기이다.

2) 좀 더 빨리

언젠가는 외워질 수밖에 없는 것을 조금이라도 빨리 외우는 것이다.

4. 양에 질려버리는 게 단어라는 것을 깨달아라

1) 의미

양에 질리는 게 어학이다. 그리고 단어이다. 어학의 본질은 단어이고 우리의 목표는 좀 더 나가서 청크이기 때문이다. 그래서 일단 단어를 많이 외워야 하는데, 그게 아주 양에 질려버린다. 그래도 소통을 하고 기본적으로 그 나라의 말을 알아듣기 위해서는 좀 상당한 수의 단어가 가청상태로 될 정도의 이해가 되어 있어야하기 때문에 언어공부는 단어 양에 질려버린다.

2) 받아들여라

그래서 3000단어 이론을 받아들여라. 뭔가 사람이 하는 일에 많이 할수록 끝이 있다고 생각하면 그 일을 할만하다. 그래서 3000단어 이론을 받아들여야 한다. '그래 죽었다 깨어나도 3000개만 해보자.' 하는 심리로 하면 당신의 언어생활은 빛을 발한다.

쉬어가는 페이지 : 킨코스 활용하기

필자와 우리 연구소에서 자주 강조하는 방법은 단어장을 써서 자신의 파일로 만들고 그것을 출력해서 자기 것으로 하는 것이다. 그래서 복사 가게, 내지는 킨코스를 자주 가야 한다. 그곳은 우리 학습자들의 고향 같은 곳이다. 일본, 중국, 미국에도 주요도시 도심부에는 다 킨코스가 있다. 물론 모든 곳이 다 24시간은 아니래도 말이다. 작업하면서 출력하기 좋다. 출력 비용은 다른데서 놀면서 하는 것보다는 더 적은 비용이다.

그러면 킨코스는 친구(도모다찌)가 된다. 계속 죽어라 반복해라. 그리고 양적으로 스핀 즉 확장시켜라. 우리의 공부는 종이와의 승부이다. 킨코스처럼 해외에 나가면 어디가 제일 저렴하면서도 나의 출력수요를 감당해줄지를 체크하고 있어라. 출력종이와의 끝없는 승부를 통해서 자신의 단어장을 버전 업 버전 업 시키면 자신의 실력도 같이 버전 업 된다.

특히 아래한글처럼 외국에서 출력이 쉽지 않은 것은 PDF로 만들어서 바로 출력을 하도록 한다.

Ⅳ. 이어짐을 통해 단어와 청크를 같이 잡는다

IV. 이어짐을 통해 단어와 청크를 같이 잡는다

1. 단어와 청크의 연관성

1) 의미

단어들을 묶어서 받아쓰고 정리할 때에 어떻게 될지에 대해서 기대감을 가지게 된다. 특히 언어의 속성이 다 같지는 않지만 (영어는 이런 측면이 없었다) 결국 반복의 대상단위를 어떻게 한정짓는가의 문제이다.

단어를 논리적으로 정리해서 외우는 것은 일단은 실시간 소통의 문제는 아니다. 그런데 단어와 청크가 본질이 되고 연관이 되니, 결국에는 실시간으로도 된다.

2) 연관성

그러한 것은 다 연관성이다. 목적어가 먼저 나오면 그 목적어를 필연적으로 취하는 거의 유일동사를 끄집어낸다든지 하는 식이다. 만약 주어가 나오면 그에 대한 서술어가 나오는 식이다. '납득' 이란 단어가 나오면 '납득이 가지 않는다.'가 연상되는 식이다.

3) 용례에 들어감은 생활에 파고들어감이다

생활에 파고 들어가는 것이기에 의미가 있다. 우리도 살면서 속담이나 관용구, 숙어, 사자성어 등을 많이 사용하기 때문이다. 우리의 사자성어나 속담을 그 언어로는 뭐라고 하는지 또는 반대로 그들의 속담이나 숙어의 뜻을 이해하면서 자연스럽게 단어의 뜻 거리가 줄어들게 공부가 된다.

2. 중간에서 완전단계로

1) 의미

언어 체계에 소리를 듣고 바로 그 뜻을 제시하는 단계가 있다면 빠르게 완전 단계로 가야 하는데, 그것은 별개의 개별화 내지는 암기 조직화와도 관련이 된다. 지금 혹 안 들려도 그 소리를 곱씹고 다시 봤을 때, 바로 나오겠구나 하는 게 있고, 좀 다른 것들과 헷갈릴 여지가 있어 보이거나(그래서 뭔가가 필요하거나) 이 소리가 이렇게 되는구나 하고 좀 까마득해 보이는 게 있다.

2) 영어와 비교하면 이럴 여지가 적다

(1) 정서가 다르다

영어 정서에는 비유적인 것도 다를 수밖에 없다. 그런 언어에 비하면 정서가 유사한 일본어를 공부함은 아주 축복이다.

(2) 어순도 다르다

영어는 어순이 달라서 힘들지만 일본어는 그렇지 않다.

3. 청크 구성한 예문으로 외우자

백날 해봐라. 단순암기는 절대로 외워지지 않는다. 그런데 이런 식의 접근들은 다 건전한 한글 상식에서, 즉 건전한 모국어 상식에서 출발한다. 건전한 모국어 지식이 많을수록 자신만 잘하면 더 쉽게 외국어를 외운다.

1) 잘 외워질 예문 청크의 조건

(1) 그렇게만 (어떤 한정의미 목적의미를 가지고) 쓰는 것

논리적으로 가급적 다르게도 많이 쓰이는 것 말고 '찬물처럼 차다.' 하면 곤란하다. 그러나 '찬물 먹고 속 차린다.' 그러면 '차다'를 그리고 '속'을 익히는데 도움이 된다.

영어는 단어가 긴 편에 속해서 합성적 여지가 많고 실제로 합성이 된다. 그러나 일본어나 중국어는 적어도 단어에는 그럴 여지가 없고 그렇게 구성도 안 되어 있다.

이것은 결국에는 통계학적으로 보면 일종의 빈도 문제이기도 하다. 관습적으로 매우 빈번하게 쓰이면 관용어가 되듯이 말이다. 그렇게 보면 언어도 통계학이다. 그래서 그렇게 빈도수, 암기필요도가 높은 것들을 선발해서 제시를 해야 한다.

(2) 한국어에서도 유사표현 있음

마침 한국어에서도 같은 비유나 관용표현이 있어서 잘 어울릴 때, 또한 노래 같은 접근도 그런 유사성을 가진다.

(3) 어원적 접근

왜 그렇게 그런 뜻이 나오는지에 대해 어원적 접근이 너무 쉽거나 너무 당연하면 오히려 상기 (1)(2)의 도움을 받아야 한다. 특히 그게 그거지 뭐가 다른 어원이 있어? 하는 말들이 많다. '조식'은 한자로 '朝食'인데 '조식이 조식이지 뭐.' 라고 할 수 있다.

2) 외우기 쉬운 것의 선택

어차피 외울 것, 쓸 예문이니 우리가 외우기 쉬운 것으로 해라. 그제 장점이자 좋은 점이다.

3) 그렇게 되어서의 효과

① 일단 소리에도 의존이 되어서도 암기된다. 언어의 본질기능에 충실.
② 잘 기억이 안 나도 단서를 통해서 복기과정이 발생.
③ 좀 형성이 되면 방송을 보면서도 당장 전체 내용은 이해가 안 되어도 (듣고 나서 조금 시간 지난 후에라도) '아, 그 단어 뜻 ~이었지.'이런 식이 된다.

4) 다른 게 조금은 암기가 되어서 도와주는 역할이 크다

(1) 이것이 제대로 논리를 통해서 지식을 접하는 것이다. 이게 본질에 접근하는 방식이다. 그러니 암기도 오래간다.

(2) 외국유학생이나 교포가 영어를 잘하는 이유는 여러 가지가 있지만, 그들이 머릿속에 익히는 단어들이 연관성을 가지고 보고, 듣고, 느끼는 배경지식들과 같이 어우러져 가기 때문이다.

4. 이런 훈련의 의미 및 의의

1) 그 단어와 학습자가 가까이 가는 과정

단어와 좀 더 내가 더 가까이 가는 과정이다. 즉 그 단어 그 외국어 단어 자체에도 가까이고 가고 그 뜻에도 가까이 간다.

2) 뭐래도 차별성을 두자

(1) 김춘수의 꽃

의미부여가 된다. 마치 김춘수의 꽃에서 '내가 너의 이름을 불러주기 전에는'처럼 말이다.

(2) 길어야 더 잘 외워진다

우리가 상식적으로 생각하면 뇌의 부담을 줄여주기 위해서는 짧으면 더 잘 외워질 것 같지만 그렇지 않다. 길어야 더 잘 외워진다.

(3) 서로 합쳐져서 시너지가 된다

오히려 하나만 있으면 서로 외워지지 않던 것들이 합쳐져서 더욱더 시너지를 내게 되어서 외워진다.

(4) 결국 문장으로 우리는 소통한다

단어가 아주 중요하고 단어는 문장의 기본단위이기 때문에 당연히 제대로 잘 암기가 되어 있어져야 한다. 그런데 실제로 우리가 소통하는 것은 문장 내지는 청크 정도는 되어야 한다. 그러기에 그렇게 실제로 쓰이는 청크나 문장에서 도출해서 단어를 암기하자는 시도는 무척 뛰어나다.

(5) 학습의 본질에 더 가까이 가는 과정

학습의 본질은 무엇일까? 굳이 양이라는 개념척도로 본다면 다음과 같은 정의 내기는 자리매김이 가능하다. 일단 학습은 시간이 갈수록 양이 일단 늘어난다. 아는 양이 당연히 늘어나고 그에 따라서 자신이 안다고 표시하는 양도 덩달아서 늘어난다. 그러다가 일정 시간이 경과를 하면, 오히려 양이 줄어든다. 그것은 공부가 쌓이고 실력이 늘면서 해당과목에 대해서 '이제는 당연히 안다.' '따로 습득이나 재충전이 필요 없다.' 고 말할 수 있는 부분들이 늘어나면서 실제 학습량이 다소 줄어들어가는 것 그게 바로 정상적인 과정이 될 것이다.

그런 게 공부의 과정이라면 우리의 단어 학습 틀도 그러하다. 그냥 해당단어의 외국어 표기와 그에 따른 뜻만 기계적으로 나열한 것에서는 시간이 지나도 필자가 지금 위에서 논증하고 밝힌 그런 식의 진척은 기대하기 힘들다. 그러나 우리식의 학습에서는 안 외워지는 부분이 있다면 그것을 외우기 위한 추가적인 노력이 깃들여신나. 그때는 학습량이 많아 보인다. 그러나 이제 그런 도구 개념들 덕에 뭔가의 추가적인 앎의 영역 당연함의 영역이 생기면 그때부터는 또 다시 앎의 영역이 다소 줄어드는 셈이 된다. 그런 과정을 통해서 어학이 익혀지는 것이기에 그것은 학습의 본질에 다가가고 있는 과정이라고 봐야 한다.

학습의 본질에 다가간다는 의미는 노력해서 얻어지는 것이 있다는 의미로 봐야 한다. 그것은 아주 바람직한 것이다. 막힘이 있을 때 노력이 필요한 영역이 존재하지 않으면 '그냥 열심히 보면 돼.' 내지는 '시간이 해결해줘.' 이렇게만 해서는 절대로 공부의 의욕이 생기지 않는다. 자신의 노력이 충분히 결과로 보상받아야만 심화된 공부에 대한 의욕이 생긴다.

(6) 대략 뜻이 평범한 단어라면 반드시 뭘 붙인다

아주 뜻이 요상하지도 않지만 특히 중국어의 경우에 그런 소리를 들어서 바로 그 뜻이 작은 의미이던(한국어 뜻) 큰 의미이던(실시간 느낌) 떠오르지 않으면 뭐래도 붙여서 결합을 시킨다. 물론 다 그런 게 아니라 잘 쓰는 것

등의 앞서의 원칙대로이다. 그렇게 해서 어떻게든 그 단어와 학습자 사이를 줄여야 한다.

5. 중국어의 경우

1) 일본어와 비교

(1) 어순이 다르다

어순이 한국어와 일본어는 비슷하지만 중국어는 다르다.

(2) 품사구조

명사는 비슷하다. 동사는 다소 다르다. 형용사도 다소 다르다.

(3) 한(글자)소리에 여러 가지 단어가 올수 있음

일본어, 한국어는 좀 덜한 편인데 중국어는 그런 경향이 크다. 유념해두기 바란다.

(4) 한자

일본어는 음독 훈독이 있다. 반면 중국어는 음 자체가 훈이 담긴 음이다. 그러다 보니 더 중복여지가 더 많이 있다. 일본어 같으면 한자에 대해서 훈독도 있고, 음독도 있어서 적어도 중복의 여지는 좀 더 적은데 중국어는 중복여지가 많으니 절대로 한 개의 소리단어로는 외워지지 않는다. 그 말자체가 합성해서 외워야 한다는 의미를 가지게 된다.

중국어는 글자와 글자가 합성으로 하나의 또 다른 단어가 나온다. 반면에 일본어는 글자와 글자의 합성이 많지 않다. 주로 명사에서 말이다. 그 점은 일본어가 한국어와 같다.

2) 일단 이렇게 보자

여기서는 성어나 관용 연결구가 있기는 하다. 그래서 일본어와는 다르게 희미하게 뭔가의 연결 여지는 있어서 학습이 심심하지는 않게 간다. 그 심심하지 않게 간다가 무척 중요하다. 여태껏 심심하게 가서 잘 안 외진 것이기에 말이다.

3) 소리의 실체

소리의 실체가 무엇일까? 특히 우리가 한국말로 표현했기에 소리의 실체는 무엇인가? 무엇을 탐구하고자 하는가? 그런 관점에서 공부법을 고민해 봐야 한다.

4) 한 개의 소리와 한 개의 한자

여기도 한 개의 소리에 한 개의 한자가 박혀야 하는데 그 박히는 게 일본어와는 다른가? 일본어처럼 훈독 음독은 없다.

6. 만든 것의 읽기

1) 의미

단어장을 잘 만들기만 해서도 의미가 없다. 잘 읽고 반복해서 읽어서, 내 것으로 만들고 실시간 직청직해 수준으로 가게 해야 한다.

2) 자꾸 읽다보면 오히려 부가 필기가 더 눈이 가게 된다

뭐든지 본질보다 부수가 더 눈에 띄는 법이다. 부가적인 필기 부분이 더 눈이 가게 된다.

3) 출력과 휴대 그리고 추가의 무한 반복

출력하고 휴대하고 읽고 또 그러면서 추가하고 또 다시 출력하고, 이런 식의 무한반복을 통해서 자신의 실력이 커져나가는 것이다. 특히 출력은 중요하다. 아무리 모바일 기기 종류가 많고 어플이 잘 되어 있고 컴퓨터가 좋아도 종이는 여러 가지를 한꺼번에 보여주는 입체성에 손에 잡히는 질감, 그리고 마구 펜으로 낙서를 해도 된다는 자유성까지를 겸비하고 있기에 좀 더 단어장 확장에 대한 욕구가 솟는다. 그러기에 출력비를 아깝게 생각하지 말고 계속 출력해서 자신의 단어장의 영역을 늘리도록 하라.

쉬어가는 페이지 : 외국어는 대한민국의 자산

우리가 뭐가 있나? 자원도 없고 머리밖에 없지 않은가? 그러면 외국어를 자산으로 하자. 역대로 강대국들은 그다지 외국어에 관심이 없었다. 미국인들이 그다지 외국어에 관심이 없는 것도 그 예이다. 그런데 그 중에도 한국계 미국인들처럼 한국어도 하고 영어도 하면 영어만 구사하는 구직자에 비해 연봉을 배로 받을 수 있기에 열심히 다른 외국어를 배우는 사람들도 소수 있다고 한다. 우리의 소프트파워의 극대치로 외국어를 하자.

V. 청크 단위의 학습

V. 청크 단위의 학습

1. 의미

1) 청크

단어와 문장의 사이에는 청크가 있다. 청크란 단어와 단어의 결합, 그리고 문장보다는 다소 작거나 문장사이즈에 해당하는 결합체를 말한다. 이제 우리는 학습의 단위가 단어를 넘어서 단어의 결합에 해당하는 청크까지로 가야 한다.

2) 청크의 중요성이 증가

공부의 시간, 학습의 시간이 갈수록 청크의 의미를 생각하게 된다. 청크는 중요하다. 청크의 중요성 자체에 대해서는 이렇게 생각해보자. 단어보다 도 더 길기에 중요하다. 진도 개념이 된다. 즉 한 단어를 이해하고 나면 그다음으로는 문장도 이해하고 가야 하는데 그러한 과정의 중간에 청크가 있다고 보면 된다.

3) 사고의 전환이 혁명적으로 필요하다

'아, 중요한 것은 청크구나' 하고 말이다. 그런 학습 방식에 대한 사고의 전환이 필요하다. 어학공부를 하면서 단어장을 만들거나, 책으로 된 것을 구입해서 사보는 등 별도로 단어를 정리하고 공부 하지 않는 사람은 거의 없다. 그러나 청크 정리를 하는 사람은 많지 않다. 그 부분이 바로 우리의 어학 학습의 포인트가 된다. 이제부터는 청크를 정리하고 습득하고 받아들여라.

2. 청크식 사고를 가지면 문법의 필요도가 낮아진다

1) 문법에의 가위눌림

우리는 모든 외국어를 습득함에 있어서 문법을 신경 쓴다. 어쩌면 당연하다. 문법을 알아야 기본 해석을 하고 기본 작문을 한다. 거기서 기본 어순 개념도 나오기에 말이다. 그러나 너무 문법에의 집작, 억눌림이 있다. 그것은 한국 사람이라면 누구나 학창시절 영어 문법에 질려본 일이 있어서 그럴 것이다. 일종의 가위눌림이다.

2) 청크식 사고를 가지면 문법이 덜 필요하다

그런데 청크식 사고를 가지면 그런 가위눌림이 해소는 된다. 청크가 연결이 된 것도 물론 문법의 어순 규칙에 따라서 이야기가 뭉쳐진 것이기는 하다. 영어 같으면 전치사 뒤에 명사가 나와서 형성이 되고, 일본어 같으면 명사 뒤에 조사가 붙어서 청크가 형성이 된다. 그런데 그게 다이다. 그런 식으로 형성이 된 청크를 뭉치면 그게 뜻이 되고 그게 문장이 되고 사고단위가 된다. 그러니 문법의 가위눌림도 자연스럽게 해소가 된다.

3) 그래도 문법책은 봐야 한다

(1) 빠르게 빵빵이 식으로 봐야 한다

그래도 가장 기본적으로 외국어의 순서를 익히고 해석하기 위해서는 완벽히는 아니래도 문법책을 보기는 봐야 한다. 그러나 빠르게 속독 그리고 다독으로 보자. 그러면 충분하다. 샅샅이 볼 필요는 없다. 하지만 읽어 봐서 점점 나아지지 않으면 문제이다. 그러면 분명히 지금의 읽는 학습법에 문제가 있다고 봐야 한다. 점점 더 논할 수준 고민할 수준이 올라가야 한다.

(2) 갈기갈기 해체해가면서

자기에게 필요한 것 위주로 봐야 한다. 궁금한 것 위주로 본다. 그리고 그 과정에서 갈기갈기 해체해가면서 보면 된다. 해체식 사고가 중요하다.

(3) 문법의 넓은 이해

문법의 변형은 주로 발음상의 문제가 크다. 그것은 세부적으로 내용을 다루면서 같이 보도록 한다.

3. 청크의 길이

일본어에서의 청크는 어느 정도의 길이를 가지고 포함해서 오는가? 거의 한 문장 수준이 되기도 하는가? 아주 짧으면 한 문장 수준까지도 간다고 보지만, 그래도 대략 3-4단어를 품고 간다고 생각하라.

4. 그래도 일본어는 영어의 소리 캐치가 없어서 좋다

미국인 스피커가 '웅웅'거리듯 말해도 다 내용이 있고, 의미가 있는 표현들을 뱉는 것이니 그것을 어떻게든 맞추는 게 능력이고 영어 리스닝의 관건이다. 다시 말하면, 우리가 한국말을 들을 때도 화자가 '웅웅'거려도 조금은 들리듯이 말이다. 예를 들어서 이것을 취미로 한다면, 꾸준히 바른 길로 한다면 분명히 일정 내공이 생기는 것이 영어의 리스닝 학습과정의 핵심이 된다. 그런 식으로 꾸준히 지속해야 들린다는 사실을 볼 때 분명히 영어적 억양과 감은 한국어와 다른 것이다. 그러나 일본어를 들어보면 거의 우리말의 리스닝 어감과 같은 실체를 가지고 있다. 쉬우면 다음과 같은 용이성이 있다.

1) 순식간에 변환을 시켜준다

그 변환이 습득에 분명히 의미가 있는가? 그렇다. 그게 바로 우리가 추구하는 실시간 변환, 습득인데 그런 식의 발음의 문제로 뺏기는 시간이 크지 않다면 그 실시간적 변환도 다소 순간적으로 일어난다.

2) 우리말로 중간에 던지기도 좋다

예측은 듣다가 뭔가의 자기생각을 던지는 과정에서 일어난다. 그러는 가운데 한국말로 던지기도 한다. 그런 과정을 겪은 후에 이뤄지는 것이기에 그것도 빠르게 일어난다. 거기에 가속도가 붙어서 분명히 우리의 청크가 늘어나면 한국말로 팍 던지는 것도 더 좋아질 것이다.

쉬어가는 페이지 : 세계 각국의 포도 맛

포도만큼 세계성을 느끼면서 우리 생활에 접하는 과일은 흔치 않을 것이다. 특히 요즘 슈퍼에 가면 씨 없는 것을 비롯해서 기존의 보라색 외에 녹색의 포도 즉 칠레산 캘리포니아산등 다양하게 접할 수 있다. 그 껍질의 두께에 따라서 느낌이 다르다. 맛이 다르다. 촉감이 다르다. 이제 집에서 즐겨먹는 아니면 일본에 여행이나 유학을 가서 먹는 포도만 봐도 이미 세계화로 나아가고 있다. 우리는 그에 대한 대비가 필요하다.

Ⅵ. 단어 청크 문장의 의미가 실시간으로 다가와야 한다

VI. 단어 청크 문장의 의미가 실시간으로 다가와야 한다

1. 의미

1) 실시간 활용의 의미

실시간으로 오지 않으면 안 된다. 한참을 생각하고 들여다보고 나서야 뜻이 떠오르면 곤란하다. 우리가 생활 속에서 한국어를 하면서 한참을 생각하고 하지는 않지 않는가? 이해의 단계를 넘어서 암기의 단계로, 암기의 단계를 넘어서 실시간 암기 활용의 단계가 되어야만 어학이 제 기능을 한다는 것을 명심하기 바란다.

2) 밀착도 높이기

그런데 그런 식의 각각의 단어와 뜻 사이의 밀착도, 즉 그 학습자의 두뇌 안에서의 밀착 정도를 높이 위한 가장 좋은 방법이 무엇일까? 그게 바로 우리 연구소가 고민한 결과를 이렇게 여러분들에게 최종적인 결정판으로 내어 놓는 것이다.

이 과정은 참으로 힘든 과정이다. 단어 몇 개 정도는 가능하다. 그런데 그게 수가 많아지면 문제이다. 다음 페이지에 소개되는 3000단어 이론에 따르면 대략 3000단어 정도는 실시간급이 되어야 외국어에 대한 그 사람의 대한 습득이 좀 일정단계가 되는데 그 3000 단어에 이르게 되기에는 너무나도 힘이 든다. 착 달라붙어야 하는데 말이다.

우스개로 비유하면 요즘 유행하는 돼지갈비처럼 갈빗살이 뼈에 착 붙어야 하는데 말이다. 그게 적당히 붙으면 떨어지니 말이다.

2. 3000단어 이론

1) 의미

대략 한 개의 언어에 한 개의 외국어에 대해서 약 3000개의 단어에 대해서 숙지가 되면 대략 구가가 된다는 이론이다.

2) 양 측정제시의 근거

A4 한 페이지에 대략 30개 정도의 단어가 존재한다고 보고, 그것들이 다른 해설이 없이 단순히 소개될 때는 대략 100페이지 정도가 필요하게 된다.

3) 이것을 실시간화 해라

(1) 의미

실시간화 하라, 계속 반복되지만 중요한 요소이다. 스스로에게 고개가 끄덕여져야 한다.

(2) 이게 실시간화 해서 안 되면

공황장애에 대해 아주 일가견이 있다는 연예인이 토크쇼에 나와서, "이렇게 해봐서 안 되면 나를 죽여라." 라고 우스갯소리를 해가며 조언을 해서 효과를 보게 했다는 것을 본적이 있다. 여기도 마찬가지이다. 필자라 하라는 대로 하시라.

4) 페이지 당으로 해서 전략화 하기

(1) 의미

무엇을 하던지 학습이던 비즈니스 이던 전략이 필요하다. 그 전략의 기준이 될 수 있다.

(2) 페이지 당 기준으로 해볼 수 있는 것을 규준을 삼아라

크리테리아 내지는 규준을 삼아라. 다음이 가능하다.

- 페이지 당 실시간화 된 단어의 개수
- 페이지 당 암기 처리 된 단어의 개수

이렇게 말이다. 그런 페이지당의 기준을 통해서 자신의 공부를 좀 더 제대로 점검하라.

3. 단어의 차별성

1) 의미

단어 간에도 차별성이 있다. 경중에 따라서 빈도에 따라서 말이다.

2) 단어에도 등급이 있다

다음과 같이 단어도 등급이 나눠질 것이다. ①이런 노력으로 하지 않아도 외워지는 단어(학습자의 입장에서는 지금까지의 단어) ②워낙 자주 보니까 외워지는 단어, 그래도 마냥 보고 외워지지는 않는다. 바로 그런 사이의 경중이 있다.

쉬어가는 페이지 : 일본어의 실시간은 동사가 다 말아 먹는다

제일 어려운 것은 동사이다. 일본어도 동사 중심의 언어인데 각각의 동사의 소리가 우리가 기본적으로 아는 한국의 소리와는 다 다르게 나오기 때문이다. 굳이 한자로 치면 훈독인데, 그런 소리가 예를 들으면 히로우(ひろう[拾う])는 '줍다'라는 뜻인데, 줍다와 히로우는 전혀 연관관계가 크지 않기 때문이다. 그래서 이 과정, 즉 대략 중요한 300개~500개의 동사의 뜻을 소리와 우리말 해석을 같이 정리해서 실시간으로 나오게 하는 그 과정이 바로 일본어 학습의 가장 큰 관건이라고 봐야 한다. 그래서 히로우 하면? '줍다, 수습하다' 히비꾸 하면? '울리다'(히비꾸 ひびく[響く]) 이게 팍팍 나오게 하는 게 일차적으로 중요한 일본어 학습의 관건이다.

Ⅶ. 한글로 받아쓰기

VII. 한글로 받아쓰기

1. 의미

받아쓰기는 어차피 무에서 유로 넓혀 나가는 방식이라서 손해는 볼 게 없는 방식이다.

2. 해당언어를 한글로 받아써라

1) 의미

해당언어를 한글로 그 소리를 써서 받아쓰기를 한다. 그리고 정리도 가나다 순서 즉 그것을 배열한 가나다 순서로 배열한다. 그래서 찾기도 쉽고 익히기도 쉽고 비교도 쉽게 한다.

2) 좋은 점

다음과 같은 점에서 한글로 그것도 가나다 순서로 적은 단어장은 장점이 있다. 특히 순서대로 배열은 다음과 같은 장점을 가진다.

(1) 빼곡히 채우게 된다

여기서 말하는 빼곡히 채운다는 말은 가나다순으로 해서 중간의 틈이 보이지 않게 된다는 의미를 가진다. 랜덤하게 적은 단어장은 단어들의 사이에 어떤 단어들이 포진하고 있는지에 대해서 잘 보여주지 못한다. 그러나 가나다순으로 적으면 내가 준비하고 내가 외우려고 하는 단어들 중에서 뭐가 준비되어 있고 뭐는 아직 준비가 되지 않았는지를 잘 보여주게 되어서 자신이 스스로 정리를 할 때에도 나름의 규준자가 된다.

(2) 혼동하고 헷갈리는 것을 같이 보여준다

혼동되고 헷갈리는 것이 한눈에 인접해서 보인다는 점이 아주 강력한 특징이 된다. 멀리 떨어져 있으면 잘 안 보인다. 그리고 대조도 잘 안 된다. 한국말로 되어야 더 대조가 강력하다. 이것의 예시 중의 하나는 아주 훌륭한 번역가 통역가도 스스로 한국말로 할 때가 제일 편하다고 하는 고백을 필자는 여러 번 들은 바 있다. 그런 식으로 한눈에 적나라하게 보여야 그 학습효과가 높다.

(3) 한꺼번에 보여준다

그것이 가나나 순서로 되면 같은 한눈에 보여주는 것이라도 좀 너 밀착되게 한눈에 보여주는 효과를 가지고 있다.

쉬어가는 페이지 : 불합리하지만 합리적인 경우

살다보면 불합리한듯해도 합리적으로 행동하고 선택하는 경우들이 많다. 예를 들어서 누군가가 어디를 테니스장을 가는데 교통수단을 아주 먼 곳은 싼 버스로 가고 거기 도착해서는 택시를 탔다고 해보자 사실 아깝다. 가까우면 더 싼 것을 해야 하는데 말이다. 그래서 인생이던 공부이던 고정된 조건이나 수식대로만 되는 게 아니라 다른 작용들이 작용한다. 그래서 양적 접근도 필요하고 질적 접근도 필요(히쯔요) 하다.

VIII. 다양한 단어 암기 방법의 평가

VIII. 다양한 단어 암기 방법의 평가

1. 의미

필자가 권하는 이 책에서의 방법 외의 다양한 시도들에 대한 공과를 평가해서 제시를 한다.

2. 인물 암기

1) 의미

어떤 단어의 특징에 어울리는 인물을 골라서 그 단어에는 그 인물과 이미지 접착을 해서 외우는 방식이다.

2) 단점

단어를 연상할 때 그 인물은 생각나는데 그 단어가 생각이 안날수도 있다. 특히 일본어의 경우에는 그 사람도 생각나고 그 단어의 한국어 뜻도 생각나는데. 그 외국어의 단어 소리가 생각이 안 나는 경우가 숱하게 있을 수 있다.

3. 노래로 암기

그 단어의 소리와 뜻을 노래로 같이 해서 외우는 경우이다. 노래의 흡입력에 기대서 단어를 외우는 경우라고 봐야 한다. 효과가 없지는 않으나 단어 개수에 한계가 있고 노래가 머릿속에 완전히 흡착될 때까지 시간이 걸린다는 단점이 있다.

4. 하나하나의 소리에 집중해서 암기

1) 의미

예를 들어 쿠라(くら)에는 쿠라베루(くらべる), 쿠라메(くらめ) 이런 식으로 해서 하나 하나의 소리에 집중해서 정리, 암기하는 방식이다.

2) 단점

없는 소리가 있기도 하다. 받아쓰기를 할 때 '소리가 없다.' 이런 호소를 하는 경우가 있다. 이때는 소리가 없다기보다는 본인이 잘 못 들은 것일 것이다. 그런 것은 실력부족이기는 하나 역시 단어상에 그 소리를 적어두고 산다. 그렇게 해서 그 단점을 커버한다.

5. 종이에 적어서 벽에 붙이기

1) 의미

종이에 적어서 자주 보는 식으로 외우게 하는 것이다.

2) 평가: 안하는 것보다는 훨씬 낫지만

아무것도 안하는 것보다는 훨씬 낫지만 그래도 반복을 해서 더 가까워질 수 있는 발전가능성이 높지 않은 지식과 그 제시에는 그다지 시간을 많이 주지 말라. 그게 바로 열등생과 우등생의 가장 큰 차이이다. 결국 머리회전이 되어야 단어는 외워지게 된다. 그냥 보는 것만으로는 시각적인 자극만 줄뿐이다.

6. 품사별 접근으로 노트에 정리해두기

1) 의미

가장 많이 쓰이는 방법이다. 그러나 별다른 특색이 없다. 다만 장점이 있다면 같은 품사들끼리 모아 보니까, 서로간의 뜻 비교는 아주 분명해 진다.

2) 평가

단어장의 품사 분류는 꼭 필요하기는 하다. 왜 단어장에 품사 분류는 꼭 해야 하는가? 지금 외국어 학습은 그 해당언어에 대해서 백지상태인 여러분의 뇌를 하나씩 하나씩 모자이크화 하는 것이라고 설명 드렸다. 그렇다면 그 모자이크도 괜한 쓸데없는 중복이 있지 않게 잘 중첩을 시켜야한다. 즉 다시 말해서 교통정리가 필요한데, 그 교통정리의 가장 기본이 바로 품사 분류가 될 것이다.

쉬어가는 페이지: 한국 일본의 공통적 정치적 후진성

한국과 일본의 여러 가지 공통점을 떠올릴 때 정치적 후진성도 하나의 공통점이라면 공통점이다. 밀실정치에 보수정치 등등 말이다. 물론 이렇다고 오해는 말 것은 정치선진국 미국이라고 해서 밀실정치 같은 게 없는 것은 아니다. 그러나 한국이나 일본이나 그래도 이제는 세계를 리딩하는 국가 아닌가. 그런 국가들에서 아직도 이런 모습들을 보이고 있는 것, 그리고 그런 것들이 두 나라 우수한 국민들의 민간교류에도 짐이 되고 있다는 것은 참으로 아쉬운 부분이 아닐 수 없다. 여러분들의 역량과 역할을 믿는다.

Ⅸ. 효용성 점검을 위한 주말 캠프

IX. 효용성 점검을 위한 주말 캠프

1. 의미

1) 뜻

해보자. 뭐든지 해보자. 어학을 늘리는데 말이다. 몇 개월 집중 훈련을 해서라도 좀 실력을 높이고 싶은데, 그럴 집중할 시간이 없다. 그래서 나도, 내 스스로 캠프에 참가하듯 몇 시간 해보자는 식으로 접근하는 방식이다.

2) 낭비는 없는가

그런데 그렇게 일일이 계속 들어보면서 시간의 낭비는 없는 것인지? 일단 당장의 주말캠프는 청크 고착화시키기를 한다. 그래서 실험시도를 해보면 그 시도의 아주 짧은 시간에 효과가 나올 수 있다. 그런데 그것을 해보기 전에 시뮬레이션으로 잠시 해보는 것도 가능은 하다.

3) 하루 종일 투자하는 날

집중 투자라는 개념을 생각해본다. 즉 하루 종일 받아쓰기만 하는 드릴을 해보면? 집중 드릴 그렇게 해보면 어떤 일이 생기려나? 너무 좋다. 공부방법이 확립이 된 가운데 하루 종일 그렇게 해보면 분명히 자신의 어학공부에 진취가 있다.

특히 연휴 때, 우리가 무엇을 익히기 위한 1만 시간까지는 아니어도 무엇이든지 미리 그 경계와 범위를 정해두고 무엇인가를 하면 반드시 결과가 있고 자신에게의 변화가 있다. 연휴 같은 때에 무의미하게 보내지 말고, 외국어 학습의 목표를 정해보라. 반드시 답이 있다.

2. 하루만의(주말만의) 캠프 시뮬레이션

1) 청크 단위 학습의 효율성을 점검해볼 기회

(1) 나는 달나라를 가는 심정으로 점검한다. 나의 독자들은 내덕에 시간을 아끼기도 할 거이다.

(2) 단어가 안 외워져서 일본어가 받아쓰기가 안 되는 게 아니라 받아쓰기를 청크별로 하지 않아서 일본어 단어가 안 외워지는 게 아닌가 하는 식의 검토를 말한다. 혹시 사람들은 단어가 안 외져서 안 되는 것이라고 한숨만을 쉬는데 그게 아니라 받아쓰기가 안 될 때, 그 받아쓰기를 위해서는 청크단위를 필연적으로 학습 하게 되니까 그게 단어를 또 흡수하게 해주는 거 아닌가를 고민하는 것이다.

2) 시뮬레이션

시뮬레이션은 시간한계성이 있어서 구간별검토를 할 때에 구간효과 검토에 도움이 된다.

3) 다뤄야 할 단어 목표

다뤄야 할 단어가 결국에는 몇 만개는 아니고 대략 3000개라면 분명히 이런 식의 받아쓰기를 하다보면 분명히, 중복적으로 만날 것이다. '그리고 내가 그에 대한 시도를 안 해봤을 리 없다. 특히 내가 일본에도 몇 번을 가봤기에 그런 것을 감안하면 시간이 걸린다고 볼 수도 있고, 그렇게 믿어왔지만 잘 안 되는 걸 감안하면, 청크별로 하는 것이 기대해볼만한 시도가 아닌가' 하는 분들은 바른 방법 즉 이 책에서 이야기를 하는 방법으로 시도를 해보시기를 바란다.

뇌가 얼마정도의 반복성이 있어야 기억이 되는 장치인지를 알 수가 없기에 특히 그것도 논리 기억성이 아니고 완전히 비논리 기억성이다. 이 소리와 단어 대응이 말이다.

3. 실제 운용

1안 계속 방송 듣기, 2안 계속 유튜브 듣기 등을 생각해 볼 수 있다. 좌우 지간 집중된 시간에 많이 들어 놓아서 자기소리 자기 귀 뇌를 만든다.

4. 캠프에 대한 부정적 생각과 타파

다음과 같은 부정적 생각이 들 수 있다.

1) 시간이 짧지 않은가?

일본 전래동화만 봐도 내가 아직은 모를 단어들 천지라서 5시간이면 어림도 없어 보인다? 이에 대한극복은 거기도 단어를 잘 접착되게 연결하는 노력을 하자는 것이다. '이제는 많이 잡혔다.' 이런 식의 노력이 필요하다.

2) 지금의 나와는 많이 다른 내가 되어야 이게 가능한 거 아닌가?

지금의 나와는 어떻게 다른 모습을 기대하는가? 그런데 시간이 한꺼번에 후딱 가지 않는다. 아주 천천히 간다. 그러기에 시간은 받아들이는 자의 상대적인 것이다. 결과적으로 지금까지 작성한 기존단어장의 도큐먼트가 아직은 생명력이 부족하고, 직청 직해 수준으로 빨리 만들어야 함이 중요하기에 캠프의 시간을 상대적으로 한정이 된 자신만의 가치 있는 시간으로 잡아서, 그 가치를 높게 부여하도록 한다. 특히 일본어의 동음이의어 같은 것은 들으면 바로 알 수 있고 그게 지금의 연결식 암기로 해결이 될듯하다.

쉬어가는 페이지 : 오보레루와 오보에루 외우기

오보레루(おぼれる)랑 오보에루(おぼえる)는 자주 헷갈린다.

- 오보레루 溺れる(おぼれる) 빠지다
- 오보에루 覚える(おぼえる) 기억하다/느끼다/배우다
- 다바코오오보에루 たばこを覚おぼえる 담배를 배우다

일반암기로서 생각해보면 이런 기호식품은 좀 꼭 담배를 피지 않아도 좀 감이 잘 온다. 인간의 감각관련이 있는 듯하다. 그래서 '다바코오오보에루'를 반복해서 암기하도록 한다. 이런 식의 헷갈리는 두 개의 단어요소들의 암기도 용례를 통해서 외워두기 바란다.

X. 보조 두뇌와 중간어 노트

X. 보조 두뇌와 중간어 노트

1. 의미

1) 무엇의 다른 표현인가?

(1) 중간어 노트

공부의 노력, 외국어 공부의 노력, 그런 것을 나타내는 한글로 된 그 해당 언어의 중간어를 잘 정리해두는 노트이다.

(2) 단어장

단어장은 나의 노력을 보여준다. 우리의 외국어 학습 방법에서 가장 핵심적 개념이다.

2) 작용의 의미

출력을 하면 손에서 마구 텔레비전 등을 보면서도 움직인다는 게 이 보조 두뇌의 작용이다. 또한 보조 두뇌는 마법의 노트와 같다. 보통 마법의 노트라고하면 영화나 뮤지컬로도 많이 나온 ‘데스노트’를 많이 이야기 한다. 그러나 우리의 노트도 일종의 마법의 노트이다.

3) 빨리 태워라

빨리 보조 두뇌에 태웠다는 사실이 중요하다. 태운다는 말의 의미는 이미 본인의 지식영역으로 넣어서 계속 그 뜻이 머릿속에 저장되게 간다는 의미를 가진다. 물론 누수도 발생하지만 말이다.

4) 서브노트의 원리의 활용

꼭 어학공부가 아니고 수험공부를 오래한 사람이나 우수 합격자들은 하나같이 입을 모아서 서브노트의 중요성에 대해서 이야기를 한다. 그러한 서브노트는 다음과 같은 점에서 우수하다.

① 자기만의 보물 창고가 된다.
② 결과물을 시각적으로 보게 되면 뿌듯함이 느껴진다.

또 다음과 같은 점에서 단점이 있다.

① 작성에 시간이 많이 걸린다.
② 한번 체제를 만들면 변형시키기 어렵기에 그 체제에 대한 고민에 빠지게 되어서 그것도 시간의 소비가 크다.

여기서 우리는 단점을 보완한다. 필자가 제안한 노트를 활용하는 식이 되면 ①의 문제가 해결이 되고 ②는 역시 고민 없이 시간이 절약이 된다.

2. 보조 두뇌 개념이 좋은 점

① 뭔가 안도감을 준다.
② 기계화, 자동화 이미지도 준다. 이게 있어서 나오게 된다.
③ 보국어가 아님에 대한 보강 개념이 잘 드러난다. 보조이기에 말이다.

3. 보조 두뇌의 양 개념의 중요성

1) 양 개념의 도입

기본이 단어장이 100에서 200페이지라는 점을 상기하면서 본다. A4를 기준으로 한다.

2) 좋은 이유

양이 늘면 실력이 는다. 그냥 느는 게 아니라 제대로 공부하는 방법인 연관성 정리를 도입해서 양 개념이 늘면 말이다. 단어장에 제대로 '순서대로 정리하면서 한다.' 이게 의미가 있는 이유는 진정한 보조두뇌로서 작용하기 때문이다.

밑천 부족과 단계학습을 생각한다. 즉 외국어를 들었을 때 단어장에 이미 적혀져 있는데도 내가 모르면 그것을 외우기 위한 특단의 조치가 필요하지만 그러면서도 좀 긍정적으로 봐야 할 요소이고, 적혀져 있지 않다면 더 적어내야 하는 게 맞다. 그래야 뭐래도 들리고 그 다음 단계 갈수 있다. 콩 심은 데, 콩 나고 팥 심은 데 팥 나는 것이기에 말이다. 그것을 깨닫는 것도 중요한 학습적 진전이다.

특히 양을 파악하는 게 중요하다. 해당어학을 할 수 있는 전체양이 얼마 정도인지를 파악하는 것은 무척이나 중요한 요소가 된다.

4. 중간어 노트

1) 중간어의 의미

우리는 한글로 적어서 소리를 표현하기에 외국어의 비 모국어적 한계를 극복하고 조금 더 쉽고 정확하게 빠른 방법으로 해당외국어를 잘 습득하고 구가할 수 있게 된다.

2) 한글 받아쓰기는 원어 받아쓰기보다 5배의 효율

물리적인 시간으로 말이다.

3) 유용성의 의심과 확신

저렇게 사전을 계속 옮겨 붙이듯이 단어장을 쓰면 무슨 소용 있을까? 하는 생각이 들기는 하나, 아니다. 의미가 있다. 텔레비전에서 보거나, 라디오에서 들었거나, 아니면 내가 중요하다고 생각해서 정리한 것들이기에 사전 막 갖다 붙이기는 아니다. 의미가 있다는 말이다.

4) 저렇게 모아놓은 것들의 가치는?

남들의 노트는 그냥 모아만 놓은 것이지만 나는 빈도를 생각하고 모아서 경제재화로 만든다. 즉 내게는 다 돈이 된다. 우선순위를 알려주는 돈이 된다. 그 가치가 있다고 생각해야 내가 더 열심히 한다는 이런 마인드로 공부한다.

5) 소리는 나오는데 못 찾는 것에 대한 처리가 이제는 좀 달라졌다

그전에는 듣고도 그 소리에 상응하는 단어나 청크를 못 찾으면 답답해했는데 이제는 다음으로 넘어간다고 생각한다. 그것 말고도 해야 하는 것들이 쌓여 있고 그것들을 하다보면 실력이 자꾸 쌓인다.

쉬어가는 페이지 : 중국어 공부와의 관계

일본어의 한 개의 글자의 한 개의 소리와 같이 고민이 되는 요소가 중국어 공부에도 있다. 일본어를 이러한 전문적인 수준으로까지 공부를 하는 사람이라면 중국어에 대한 대략적인 소리 구조도 이해를 하고 있을 것이라고 사료되어서 다음의 논의를 제시해보고자 한다. 즉 아래는 중국어의 이야기이다.

중국어는 한 개의 소리에 어떤 글자를 바로 연상시키는가 하는 정도가 중요하다. 그게 뛰어나야 하는데, 한국어 같으면 내가 한 개의 소리에 적어도 여러 개가 나오고, 특히 두 개의 소리 같으면 거의 바로 나오고, 네 개만 아주 막 나오고 하는 식이 된다.

우리나라 말에서도 필자가 여러분들 앞에서 “대한 독립” 그러면 여러분들은 뒤이어 뭐라고 할까? 분명히 “만세”라고 할 것이다. 이런 파일이 많이 담겨져 있어야 한다는 것이다. 그러니 소리를 그냥 꼭 한국말로 한글자라고 생각하지 말자. 그게 이어진다고 생각하자.

노래로 이어짐도 의미가 있는 이어짐이다. 그래서 노래가 강력하다. 그런데 그 수많은 외국어를 다 노래로 할 수 없으니 문제이다.

XI. 언어도 통계학이다

XI. 언어도 통계학이다

1. 의미

'모든 학문은 연결되어 있다.'의 사고는 어학의 공부심도가 더 깊어질수록 생기는 생각이다. 그래도 언어학이 무슨 통계학과 연결이 될까? 하는 의구심은 여러분들이 들 것이다. 그러나 분명한 연결고리가 있다.

통계학이란 무엇인가, 바로 확률과 빈도의 싸움에 대한 학문이다. 그렇다면 우리도 어학을 공부하면서 대략 확률과 빈도에 대한 고민을 하면서 공부를 해야 한다.

2. 통계학이 드러날 여지

1) 사람이 하는 일이다

사람이 하는 일에 대한 관찰이 통계학의 기본이다. 그런데 어학은 사람이 입에서 입으로 하는 일이다.

2) 사용빈도의 문제

아무래도 많이 사용하는 것에 사람들은 쏠리고 그 효용가치도 크게 작용하게 된다. 사람은 자신을 위해서 이기적으로 생각하고 움직이는 행동개체이기 때문이다.

3) 용례를 가지고 암기함에 대한 것

어떤 표현에는 단독적 독립적으로 잘 나올 것 같은 것, 그런 것에 대해서

생각하고 암기를 연관 지어야 한다. 예를 들어서 아끼라메루(あきらめる 諦める)는 단념하다는 뜻이다. 그렇다면 단념하다는 참으로 많은 조합이 가능하지만 자신이 보기에는 꿈과 결합을 하는 게 제일 나아보인다면 그것으로 암기한다.

쉬어가는 페이지 : 가장 많이 쓰이는 용례

단어를 외울 때는 가장 많이 쓰이는 용례를 가지고 가는 게 중요하다.

- 아끼라메루 諦める(あきらめる) 체념하다 단념하다
  [기독-아끼라메루 단념해라: 너무 메일에 빠져있는 신도에게 목사님이]
- 유메오아끼라메루 夢を諦める(ゆめをあきらめる) 꿈을 단념하다

같은 식의 조합이 가능하다. 그리고 그렇게 외운다.

다른 예를 들어보면, 다른 것을 같이 외운다는 예시로 쥬단을 외울 때는

- 쥬단 銃弾(じゅうだん) 총탄
- 쥬단오아비루 銃弾を浴びる(じゅうだんをあびる)총탄세례를 받다

그럴 수 있는 것은 언어는 연결의 산물이기에 말이다. 또한 '우리나라 말의 그런 독특 특이한 표현을 굳이 외국어로 나타내면 그렇게 되는구나.' 하면서 외워진다. 예를 들어보면 말쑥하다는 아래와 같은 식으로 표현이 된다.

- 슷기리 すっきり 산뜻하게
  [기독-스킬이 있어서 산뜻하게 성화를 그렸다]
- 슷기리시다후쿠소우 すっきりした服装(ふくそう) 말쑥한 복장

XII. 빵빵이 학습

XII. 빵빵이 학습

의미 있는 제대로 된 반복이 실력을 기른다.

1. 제대로 된 방법이어야 반복의 의미가 있다

방법이 잡히면 그때부터는 꾸준함의 승부이다. 지치지 않게 가는 꾸준함의 승부이다. 대부분의 어학 학습자가 작심삼일을 경험한다. 그 이유 중의 하나는 잘못된 방법이다. 물론 이렇게 말하면 명필이 붓을 가리나 사공이 노를 가리냐 하고 타박하는 사람도 있겠지만 그렇지 않다. 어학은 정말로 어떤 방법으로 하는가에 따라서 그 결과가 너무나도 차이가 나고 자기가 하는 일에 대한 확신도 차이가 날수 있다. 그래서 필자의 방법을 완성판으로 해서 제시를 한다.

2. 제대로 되지 않은 반복

1) 의미

우리의 반복의 틀은 이미 앞전의 책에서도 그리고 이 책에서도 지속적으로 알려주고 있다. 그러한 틀에 따르지 않는 반복은 제대로 되지 않은 반복이다.

비근한 두 가지 케이스가 있다. ①내용을 제대로 확인하지 않고 하는 반복과 ②했던 내용 또 하고 또 하는 반복이다. 이런 반복은 계속해봐야 시간만 잡아먹지 진도가 나가지 않는다. 특히 ②의 경우에 확인도 안하고 반복하면 즉 ①과 ②가 결합이 되면 최악의 반복이 된다. 그런데 웃을 일이 아닌 게 거의 모든 우리나라의 외국어 학습자들이 그런 우를 범한다. 그러니 시간은 시간대로 가는데 실력은 늘지 않는 것이다.

2) 너무 쉬운 것 너무 어려운 것

이런 잘못된 반복 듣기에서 자막을 보고 들으면 스스로 너무 쉬운 것은 거르고 너무 어려운 것은 몰라서래도 거른다. 그 중간영역에 대해서만 실력이 느는 것이다.

3) 아직도 모르는 부분이 있음은 반복할 여지가 있다는 소리이다

만약에 방송 등을 듣거나 유튜브 등을 보는데 아직도 안 들리는 부분이 있음은 바로 아직도 그 부분이 취약하다는 소리이다. 그렇게 자신의 외국어가 아직도 약하다고 생각하면, 그것은 거기가 바로 구멍이고 함정이라는 소리이고, 그러면 진단은 아주 명확히 내려진 것이다. 그것이 바로 우리 방법의 가장 큰 장점중의 하나이다.

3. 문법책은 체제집

문법책은 하나의 체제집을 읽는 것이 되어야 한다. 그래서 그 체제가 머릿속에 박히는 식이 되어야 한다. 그래서 문법책은 체제집이 되고 그것을 계속 순환을 돌리다보면 처음 회독 때는 이해가 되지 않던 부분들이 '아 이게 이런 의미구나' '이래서 이렇게 이야기를 하는구나.' 하는 식의 각이 잡힌다. 그것을 익혀서 자기 것으로 하자.

쉬어가는 페이지 : 공부는 시스템이다

일도 시스템, 사는 것도 시스템인 시대가 되었다. 주먹구구식으로는 되지 않고 그것을 달성하기 위해서는 뭔가를 제대로 구축을 하고 그 안에서 움직여야 하는 시대가 되었다. 그러기에 외국어를 공부할 때도 모국어가 아니어서 힘들다고 한탄만 할 게 아니라, 영어를 모국어로 사용하는 그들과 최대한으로 닮은 시스템을 만든다. 그러다보면 하나씩 하나씩 외국어가 정복이 되어가는 게 보인다.

XIII. 일본어의 특성을 감안하자

XIII. 일본어의 특성을 감안하자

1. 언어의 특성은 국민성과도 관련이 된다

1) 의미

언어는 그 것을 사용하는 사람들의 국민성도 같이 보여준다. 그것의 반영은 여러 개의 외국어 학습을 해보면 더욱더 극명하게 드러난다.

2) 일본인들의 국민성

어찌 보면 한국인들보다 더 감성적으로 단순하다. 지금 일본의 여성운동이 우리보다 덜 활발한 것도 그런 차원의 이야기일수도 있다. 그만큼 보수적인 것도 크다. 다음의 뉴스기사를 보자.

일본 여성들이 회사에서 안경 착용을 금지하고 하이힐을 신으라고 강요하는 규정을 비판하는 항의 시위에 나섰다고 합니다. 최근 일본의 한 방송국이 직장 내에서 여성 직원만 안경 착용을 금지하는 사내 규정에 대한 고발 뉴스를 보도했는데요. 여성에게 적용되는 더 엄한 외모 규정에 대한 비판은 '안경 착용 금지'라는 해시태그를 달고 급속히 번지고 있다고 합니다. 이와 함께 안경 착용 금지뿐만 아니라 여성 직원에게 하이힐을 강요하는 일본 기업체의 규정 역시 논란이 되고 있다는데요. 하이힐 강요 반대 청원에는 현재까지 2만 1,000명이 넘게 서명했다고 합니다. 한편 세계경제포럼의 성 격차 보고서에 따르면 일본은 149개 나라 가운데 하위권인 110위로 나타났는데요. 이에 로이터 통신은 "일본은 다른 선진국에 견줘 성 평등 수준이 한참 뒤처진다."고 평가했다고 합니다. [1)]

---

1) MBC 2019년 11월 10일

2. 일본어의 특성

1) 정확한 언어이다

나름 딱딱 떨어지는 언어이다. 일본어는 그들의 속성을 반영한다.

2) 단순성이 일종의 과학성을 가지고 있다

둔탁하지만 그 단순성이 바로 바로 다음으로 연결되게 하는 일종의 과학성을 가지고 있다. 그에 비하면 우리 한국말은 어떤 지를 좀 봐야 한다. 필자는 일본인이 한국어 발음을 할 때 범하는 오류에 대한 연구를 주제로 집필이 완성되면 책의 일부나 하나의 이북 등으로의 출간을 계획하고 있다.

예시로서는 norm 같은 단어를 우리는 그냥 깔끔하게 '놈'이렇게 발음하는데 그들은 "노무"같은 식이다. 물론 이를 둔탁하다고만 할 수는 없으나, 그렇다고 그런 느낌을 지울 수는 없다. 즉 일본어 소리의 원칙은 단순 모음 발음화 원칙, 즉 고, 오 등의 단순 모음 발음화와 자음도 단순화로 귀결이 된다.

3. 한국어의 특징과의 비교 분석

한국적 억양을 검토하면 영어처럼의 들썩 들썩은 없다. 그것은 발음기관과 그에 따른 언어 특성 때문에 그런가? 일본어도 영어와 같은 들썩 들썩은 없지만 일정하면서도 차분한 리듬감을 분명히 가지고 있다.

쉬어가는 페이지 : 박물관의 천국 일본

비슷한 동북아 나라인데도 일본은 여전히 우리보다 배울게 많은 나라이다. 특히 박물관(하구부쯔간, 博物館, はくぶつかん)은 정말로 대단하다. 물론 우리나라의 용산 국립중앙박물관도 외국인들 보기에 부끄럽지 않다. 최신으로 지어졌으니 말이다. 그러나 필자가 더 주목하고 싶은 것은 말 그대로 전시의 기획으로 빛나는 작은 박물관들이다. 도쿄와 오사카에는 크고 작은 박물관들이 많다. 그들의 기획전시의 기발함은 감탄이 나온다. 일본은 충분히 그 풍부한 서적들과 그리고 다양한 전시의 박물관만으로도 늘 가까이하면서 우리가 배워갈 만한 가치가 충분히 있는 나라다.

흔히 말하는 오타쿠가 성한 나라가 일본이다 보니 뭐 아주 작은 박물관에서도 '괴기 전시' '흉악전시' 같은 식의 이름을 가지고 많은 특별한 전시를 한다. 참고로 가격은 아주 싸지는 않다만(일본의 물가를 감안하면) 그래도 자신의 안목을 넓힐 수 있다.

XIV. 본토의 중요성

XIV. 본토의 중요성

1. 시험은 박제된 언어

토익을 아무리 잘 봐도 현지에서는 말 한마디 못한다고 한다. 토익 같은 언어 능력 측정 시험은 매우 정확한 발음으로 들려주기 때문에 오히려 생동감 있는 시험으로 봤으면 하는데 말이다.

2. 틈나는 대로 자주 다녀오라

상황과 여건을 봐서 말이다. 가서 놀지 않고 배우고 오면 될 일이다. 그들이 얼마나 과거에 우리를 유린했는지 화만 내고, 열만 받고 배우고 깨닫지 않으면 그게 더 문제일 것이다.

3. 가서 들으면 좀 다르다

1) 라이브

어학이나 외국인에 대해 느끼는 두려움을 생생하게 체감하는 경우들이 많이 있을 것이다. 그런 이야기들을 주변에서도 많이들 들어 봤을 것이다.

2) 학습자들의 경험

(1) 렌트카

해외에서 처음으로 의기양양하게 렌트카를 빌려보려고 공항의 전화기를 받아든 A군은 아주 놀라고 말았다. 수화기 너머로의 이야기가 전혀 들리지 않았기 때문이다. '아, 한국에서 속았다' 같은 생각까지 들고는 했다.

(2) 중국의 택시 운전사

중국에서 택시를 타면 그들 자체가 중국어 외의 언어에는 약하기 때문에 무시당한다. 중국은 특히나 중국말을 못하면 말이다. 그런 경향은 지방도시를 가면 아주 더 심하다.

2) 그래도 일본어가 제일 그 격차가 덜하다

중국어도 그렇지만 그래도 일본어가 그런 학습 시와 실제 상황에서의 소리의 격차가 제일 적다.

4. 현지의 새벽

특히 해외의 새벽은 가치가 높다. 시차 등이 있으면 더욱더 공부에 대한 열정과 아이디어로 끓어오르기 때문이다.

5. 현지의 생활은 어학의 배경 익숙화를 돕는다

자주 본다. 특히 많이 접한 것은, 많이 봐서, 많이 들어서 안다. 비근한 예를 두 개를 든다. 도쿄에 가서 일을 하는 사람은, 거기서 먹고 자고 하는 사람은 몇 년 만하면 일본어를 금방 배운다. 일본에 안가도 마찬가지이다. NHK뉴스를 자주 들으면, "아메(雨,あめ)가 후루데쇼." 라는 말을 자주 듣는다. 그러면 거기서 후루(ふゐ)가 내리다는 말인 줄을 금방 알게 된다.

이처럼 TV만 봐도 배경이 익숙한데 거기서 생활을 하면 어떨까? 한국어를 배우면서 동대문역에 가보지도 못한 사람과 동대문역에서 숙박을 한 사람과 동대문역에서 장사를 한 사람의 어학에 대한 심도의 차이는 굳이 이야기하지 않아도 잘 알 것이다. 그렇듯이 현지의 생활은 배경 익숙화를 돕는다.

6. 구경이 재미없는 사람은 공부를 하라

1) 구경이 재미없다

미국가도 구경 잘 안다닌다 하는 사람이 있다. 그 마음을 잘 안다. 그것은 이런 것일 것이다. 구경은 아주 신기하거나 아니면 아주 유명하면 잘 가게 되는데 사실 그런 게 별로 없다.

2) 텔레비전을 보더라도

외국 본토에 오면 텔레비전을 틀어도 하루 종일 다양한 프로그램이 나오는 것도 좋은 점이다. 채널마다의 특색도 다르고 말이다.

쉬어가는 페이지 : 기본의 일본, 임기응변의 한국

우리는 늘 일본을 이야기하면서 그들의 기본이 심오함에 대해서 칭찬 경외 두려움까지도 느끼면서 본다. 어찌 보면 그들의 기본은 다소 집요함과도 관련이 있다. 그러나 세상살이가 늘 똑같을 수는 없는 법. 오히려 요즘 세상 돌아가는 것을 보면 우리나라의 임기응변도 굉장히 빛을 발할 때가 있다. 즉 늘 하대할 수만도 없는 게 한국의 유연성이다.

임기응변적 대처를 잘 나타내는 단어표현들을 보면

- 기텐　機転·気転(きてん) 기지 재치 임기응변
- 소구묘　即妙(そくみょう) 임기응변 즉석의 기지
- 린기오헨　臨機応変(りんきおうへん) 임기응변
- 바아타리　場あ(たりばあたり)깊은 사려나 계획 없이 그때그때의 형편에 맞춤, 임기응변, 임시처변
- 기헨　機変(きへん) 시기에 맞추어 변화하는 것, 임기응변, 기략, 책략
- 우즈리미　移り身(うつりみ) 임기응변의 운신(運身)

등이 있다. 이런 식으로 해서 한자를 하나하나 늘려나가는 것이다.

또한 번역이라는 말의 음독을 어떻게 할까를 고민한다면.

- 혼야꾸　翻訳(ほんやく) 번역
- 혼야꾸모노　翻訳物(ほんやくもの)번역물
- 구그루혼야꾸　Google翻訳(Googleほんやく)구글번역

식으로 해서 제시를 해서 외우기 바란다.

XV. 도킹

XV. 도킹

1. 도킹의 의미 소개

1) 도킹의 의미

소리를 열심히 들어서 일단 받아쓰기 노트 겸 단어장 노트를 만들고 한편으로는 열심히 그 받아쓰기노트를 한 것은 외운다. 그 외움도 그냥 외움이 아니라 가능성이 짙은 용례를 통해서 외운다. 그러면 결국에는 두 지식이 만나서 그 사람의 어학 실력이 되는 것이다. 원래 도킹이란 만나다 충돌하다의 의미가 되고 주로 우주선끼리 정해진 계획 하에서 우주에서 서로 접붙이기로 만날 때 잘 쓰는 표현이어서 우리가 어학에서 차용해서 써본다.

2) 어학이 힘든 이유의 해소

어학이 힘든 이유 중의 중요한 하나는 바로 그 공부자체가 다소 입체적인 부분이 있다는 점이다. 그것을 해소하기 위해서, 이렇게 양방향성을 가지고 공부하는 것은 심리적 부담을 덜어준다.

2. 상담사례

상담사례를 소개한다.

1) 듣지 않고 책으로 정리하기

Q. 소리가 중요하고 한국어를 중간어로 학습하는 게 중요하다면, 그냥 책을 많이 보면서 그 책에서 정리하면 어떨까요? 책을 보면서 여러 가지 청크가 있는 것을 눈으로 보고 익히면 그것도 의미가 있지 않을까요?

A. 그렇게 학습 하는 것의 문제점은 귀 뇌가 발달하지 못합니다. 우리가 적은 단어장이 그냥 적은 게 아니라 다 귀가 시킨 일, 뇌가 시킨 일을 수행한 것이기 때문이지요. 우리는 어차피 궁극의 목표가 듣기나 음성 내지는 실시간인데 흡수인데, 이러면 좀 뭔가 부족하다고 느끼실 것입니다.

그래도 그 방법도 나쁘지 않으니 그렇게 하실 것이면 일단 많이 한국말로 만들어 놓으시되 그냥 한국말로 해서 만들어 놓은 게 다가 아니니 많이 외우실수 있게 용례를 많이 결합을 시켜놓으세요. 그런 후에 도킹 즉 나중에 음성적인 자극과 같이 연결이 되게 하면 좋은 성과가 나올 것입니다.

2) 도킹이 마음에 듭니다

Q. 박사님의 표현 중에서 도킹이라는 표현 참 마음에 듭니다. 제가 공부하면서 느낀 생각하고 아주 일치하는 부분이 크거든요. 그럼 도킹을 통해서는 저는 너무 입체적인 어학공부에 대해서 스트레스를 받을 것 없이 그냥 나름의 방법으로 열심히만 하면 되는 것이지요?

A. 맞습니다. 도킹의 의미는 '소리를 열심히 들어서 일단 받아쓰기 노트 겸 단어장 노트를 만들고. 한편으로는 받아쓰기 노트를 작성한 것은 열심히 외운다. 그 외움도 그냥 외움이 아니라 가능성이 짙은 용례를 통해서 외운다. 그러면 결국에는 두 지식이 만나서 그 사람의 어학 실력이 되는 것이다.'입니다. 그러니 일단 노트 열심히 만들고 그리고 관련 용례를 많이 붙이고 그리고 결국에는 텔레비전이나 유튜브 등을 통해서 소리 채록을 해서 단어장과 도킹을 시키십시오. 그러면 자신의 실력이 팍팍 늘어납니다.

쉬어가는 페이지 : 표현수학

학습은 저위의 꼭대기로 가면 늘 일맥상통하게 된다. 우리 회사의 수학연구소에서 '표현수학'이라는 이름 하에서 수학을 그냥 푸는 것에 그치지 말고 스스로 입으로 내어 뱉을 수 있도록 하는 경지에 이르게 하자는 식으로 제안하는 공부 컨셉이 크게 인기이다. 수학은 당연히 학생들이 푸는 것으로 생각하는데 그 단계를 좀 더 앞서서 강사들처럼 그게 어떻게 나온 문제이고 어떻게 해야 한다는 것을 마치 해설하듯이 자신의 입으로 풀 줄 안다면, 그것으로 아주 훌륭한 수학실력이 완성된다.

그 말을 여기 일본어 공부에서도 하는 이유는 여러 가지 교훈성을 가지고 있기 때문이다. 즉 남보다 더 하기 위해서는 기존의 틀, 기존의 공부 틀에서 좀만 더 앞장을 서라. 그러면 자신의 효율이 증가하면서 좀 더 남을 앞설 수 있다.

XVI. 텔레비전 학습도 좋은 공부

XVI. 텔레비전 학습도 좋은 공부

1. TV를 보는 것의 의미

1) 의미

텔레비전은 아주 우수한 학습수단이다. TV를 활용하라.

2) 의의

① 하나는 모의고사 중간평가

동기부여가 뛰어나다. 즉 실시간으로 나오는데 잘 모르면 궁금하기도 하고, 좀 자존심이 상하지 않는가?

② 하나는 확인사살 기존검토

확인사살의 개념이란 자신이 알고 있는 것을 확인한다는 의미이다. 새롭게 나오는 것은 크게 없다고 봐야 한다. 따라서 더 이상 새로운 게 들리지 않는데 계속 듣고 있음은 아주 크게 낭비이다.

3) 장점

(1) 발음이 정확하다

연예인과 아나운서들의 발음이 정확하다. 그것은 따로 이야기 하지 않아도 방송 출연 기준의 스탠더드 때문에 너무 당연한 것이다.

(2) TV는 자신감을 준다

처음에는 좀 익숙지 않아도 자꾸 보게 되면, 또한 필자가 하라는 대로 하면 능력치가 올라가면서 자신감이 생기게 된다. 그 자신감의 근원에는 그렇게 외국에서의 사람들도 딱 저 정도의 용어를 사용하고 저런 정도의 문화수준을 향유하는 구나라는 대등적 자신감이다.

(3) 공부의 순서의 고민이 없다

① 원래 의미

텔레비전은 원래부터가 학습용은 아니기에 자연스럽게 텍스트를 랜덤하게 자기들의 편의대로 제공을 한다. 그러니 우리는 편하게 그들이 주는 대로 받아먹으면 되는 것이다.

② 주요 동사와 형용사

특히 주요동사와 형용사를 제시한다. 결국동사와 형용사 싸움인데 텔레비전은 가장 많이 쓰는 동사와 형용사를 소개한다.

(4) 자극이 입체적

왜 텔레비전 학습법이 단어 청크와의 거리를 빨리 좁혀 주는가? 자극이 입체적이어서 그렇다.

저런 말을 저들은 말하고 알아듣는데 나는 못 알아들어 라는 식의 것으로서, 자극이 단지 시각, 청각뿐만 아니라 가슴으로 느끼는 감각으로서도 다가온다. 특히 현지 방송이면 더욱더 그렇다.

(5) 편한 학습도구

① 요즘은 더 편하게 자막

해외 방송을 봐도 그렇고 요즘에는 특히 예능이나 시사교양프로 등에서 경쟁적으로 자막을 내어 보내서 시청자들의 눈을 끌게 하고 있다. 이게 학습자 입장에서는 일종의 편리한 도구 역할을 한다. 원래 자막을 만든 기능이 눈길을 끌기 위한 것이지만 외국어 학습자인 우리들 입장에서는 활용하기 아주 편하다.

② 앞으로 더 편해질 거다

특히 앞으로는 유튜브와 결합해서 자막이나 대본 검색 등 시청자 편의를 고려하는 스마트 기능들을 시청자들이 더 편하게 사용하고 즐길 수 있도록 제안되어질 것이다.

③ 바보상자가 아니다

스마트한 상자이다. TV는 바보상자가 아니다. 해당 시대의 문화적 총아라고 볼 수 있다. 나올 수 있는 것들에 대해서 다 포함하고 보여준다.

4) 자꾸 나아져야 한다

자꾸 보면서 나아져야 한다. 그 나아짐의 속도가 보이지 않으면 그것은 올바른 공부가 아니다. '내가 생각했던 것은 그냥 텔레비전만 보면 뭔가의 끝도 없이 찾는 것 같았고 별로 속도는 증가세가 안 보인다.'하면 그것은 분명히 잘못된 공부이다.

2. 진전

1) 의미

지금 텔레비전을 보면서 학습으로 준비한 것이 출격하는 구조인데, 그런데 지금 가지고 있는 것이 100페이지 정도면 그 안에서 몇 개 정도가 준비가 되어서 가는가?

① 준비되어서 가는 것은 중간
② 너무 쉬운 것은 그냥 듣고 통과
③ 어려운 것은 계속 탐구

그렇다면 실제 활용에서는 ③을 ①로 고치는 게 중요했던 듯하다. 열심히 했지만 일본에서 생각해보니 ③을 더 파고 ①을 더 많이 만들었다면 준비가 더 되어 있었을 것이다.

2) 진전

공부가 될수록 시간이 투자될수록 빈 곳이 채워지면서 흘릴 가능성 실패 가능성이 점점 줄어드는 게 어학 공부이다.

3. 실제 대화와의 비교

'과거에 내가 실제 대화가 잘 안 들리기에 녹음을 많이 하고는 했다.'라고 술회하는 학습자들도 있을 것이라고 본다. 실제 대화가 중요하지 않은 것은 아닌데, 텔레비전 내용도 많이 못 알아듣고 있는 상태라면 텔레비전만 잘 들어도 상당히 언어 상 진전은 크다.

4. 일본의 TV와 미국의 TV 보기의 비교

1) 의미

일본의 텔레비전과 미국의 텔레비전의 차이가 있을까? 기능은 같을까? 차이가 있다면 소리의 캐치가 전혀 다르다. 그래서 같은 방송을 봐도 이질적 괴리감이 미국의 텔레비전이 훨씬 더 크다.

2) 꿈꾸기

여담으로 우리가 외국어 학습을 꽤 많이 하거나, 실력이 많이 올라가게 되면 그 나라 말로 꿈을 꾼다고 한다. 그런 과정도 영어가 일본어 보다는 대략 5배 정도의 노고가 들어간다. 즉 영어로 꿈을 꾸는 것은 일본어로 꿈을 꾸는 것보다 더 많은 학습량과 학습 시간이 있어야 한다. 둘을 비교하면 말이다.

5. 어학의 자막 텔레비전의 자막

1) 의미

방송을 할 때 나오는 자막을 말한다. 이것을 어찌 처리를 하고 보고 학습에 활용할까도 상당히 중요한 도구적 주제가 된다.

2) 묘한 이중성

자막은 참으로 묘하다. 어떤 때는 이해의 도움자가 되기도 하지만 어떤 때는 걸리적거린다.

3) 나중이 되면

어느 정도 수준이 되니 자막도 그 다지 문제가 안 된다. '생각해보면 내가 공부법 때문에 혼동하고 괴로웠던 게 더 많았다.'고 하는 분들은 필자의 방법이 종지부가 된다.

특히 혼합법으로 한다고 생각하니까 바로 되었다. 그런데 그 혼합법도 결국에는 노트를 통해서 빈곳을 메꾸고 단어와 청크를 내 것으로 하면 땡이다. 엄밀히 말하면 혼합법이 아니라 그냥 노트 열심히 쓰면 된다. 자막힌트를 보면 확 잡히는 것과 관련해서 내가 얻을 힌트는 무엇인가? 그러니 한글로 뭐를 던져 보자.

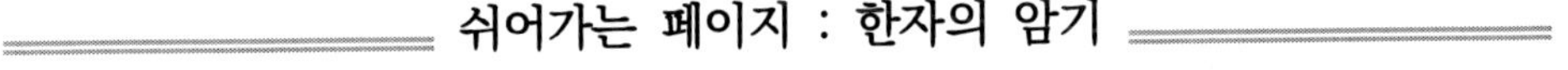

쉬어가는 페이지 : 한자의 암기

한자 암기는 일본어 공부의 최대 스트레스다. 그것은 특히나 용례를 통해서 외워야 한다. '예'또는 '예시' '예문'과 '용례'는 굳이 말하면 종이 한 장 차이가 있는 표현이다. 즉 관용어라는 말에서 보듯이 용례는 예시 중에서도 좀 더 관용적으로 더 쓰게 되어 있는 것들에 주목해서 보라는 말이다.

소쯔교(卒業そつぎょう)라는 단어를 외운다고 할 때, 그냥 '소쯔교는 졸업' 이렇게만 해서는 절대로 외워지지 않는다. 물론 아주 시간이 많이 지나면 외워는 진다. 그러나 그러지 말고 거기에 논문이라는 말을 붙여서 일본어로는 '소쯔교론분' (卒業論文そつぎょうろんぶん, 졸업논문)이런 식으로 해서 외워버리자. 그렇게 노트에 단어장에 정리가 되면 자주 보면서 더욱더 익숙해지고 그래서 결국 소쯔교는 졸업이라는 것이 쉽게 외워지게 된다.

XVII. 기타 단상

XVII. 기타 단상

1. 예측

프리딕션이라고도 하는 예측도 무척 외국어 정복에서 중요하다. 선수가 되는 모습이어야 한다. 이 단어가 나오면 바로 그 뒤 이단어로 이런 식으로 가야 한다.

예측도 하나의 시험이나 퀴즈라면 단어를 맞출 확률도 확률이라고 해서 두는 게 좋을 듯하다. 예측을 해서 맞을 확률이 높은 것은 아무래도 많이 쓰는 것일 것이다. 논리적으로 역의 경우도 성립한다.

이것은 다소 고차원적이라고 볼 수도 있지만 우리 생활에서 보면 아주 그렇지만도 않다. 예를 들어서 필자가 여러분들 앞에서 '동구 밖 과수원길'그러면 여러분들은 무엇을 말하겠는가? 바로 '아카시아 꽃이 활짝 폈네.'하고 응수할 것이다. 아니면 '동해물과 백두산이'하면 '마르고 닳도록' 이라고 할 것이고 말이다. 물론 이렇게 말하면. '그거 노래 이야기네요.'할지 모르겠는데, 꼭 노래에 대한 이야기뿐만 아니라, 그러한 말의 연관관계에 대해서 이야기를 해보고자 함에 있다.

그렇게까지 가면 너무 양이 방대해지고 그런 거 없이도 잘할 수 있을 것이라는 생각이 들기도 하지만, 거기까지 가면 그게 진짜 고수가 되는 것이다.

2. 기억성 강한 소재

1) 의미

결국 우리의 방법은 기억성이 강한 소재를 쓰자는 것이다. 그런데 그게 통으로의 아티클, 즉 기억성이 강한 영화 등에 한하지 말고 또한 거기에 천착되지 말지어다.

2) 기억성이 강한 책 글 아티클

과거 필자의 초기이론이나 다른 많은 사람들의 이론에서는 헌법이나 명구 등 각인성이 강한 것으로 보자는 생각은 지금 어떻게 평가될까를 물어보는 학습자들이 많다. 일단 그 전에 명심할 것은 거기서도 음성을 적어서 정리하자는 것은 중요하다. 우리의 언어는 음성이 반드시 수반되어야 하기 때문이다.

다만, 좌우지간 지금 기준으로 중복은 여전히 중요한 요소인데 아무리 많은 아티클을 많이 접한다 해도 올 커버하기에는 부족함이 있다. 그러니 너무 아티클에 집착하지는 말기 바란다.

3. 아무 이유 없이 외워지지는 않는다

어학이 아무 이유 없이 외워지지는 않는다. 근거가 있고 밑천이 있어야 한다. 마치 시험을 치르고 대비하고 오는 사람이 아무 밑천도 없이 뭔가의 점수가 더 잘나오지는 않듯이 말이다. 그런 과정을 필자가 잘 밝혀주었으니 엄밀한 자기진단으로 자신의 실력을 정확히 파악해서 소기의 결과를 거두기를 바란다.

4. 언어는 일정 무한암기성이 있다

언어의 매력 중의 하나는 시간이 지나도 복기되는 부분이 다른 학문, 다른 과목에 비해서 쉽다는 사실이다. 그것은 어느 정도 생활성도 있어서 그렇다.

5. 그 말이 학습을 하면서 쓰였다는 사실이 중요하다

모국어로서의 그 말이 쓰였다는 사실이 나름 중요하다. 예를 들어서, 살짝이라는 일본어를 공부하면서, 살짝 스치다를 함께 공부하는 것이 중요하다.

- 가스카니　　　　　かすかに 희미하게
- 가스카니후레루　　幽かに触れる(かすかにふれる) 살짝 스치다

6. 대체 가능성이 적은 것이어야 한다

대체가능성이 적은 것이어야 용례로서 채택이 된다. 그래야 특징이 크다. 대체가 되면 헷갈릴 가능성도 크다는 소리다. 헷갈리지 않으려면 특징이 뚜렷해야 한다.

7. 문제집과 기본서의 비유

문제집을 풀어야 실력이 느는 것처럼 자꾸 기본서만 본다고 절대로 실력이 늘지 않는다. 그것을 생각하라. 그러니 어학을 공부하면서 기본 실력을 늘리면서 한편으로는 문제를 풀듯이 자신의 실력을 향상시켜야 한다.

8. 복합어에 답이 있다

우리가 만드는 게 다 복합어이다. 이래야 거기를 왔다갔다는 표시, 즉 단어장에서의 표시가 더 확실하게 난다. 그리고 그렇게 길게 되어 있어야 다시 만나도 더욱 반갑다. 이러면 안 외워지려도 안 외워질 수가 없는, 마치 모국어를 배우듯이 말이다. 그래서 다시 만나면 반갑다. 그냥 반가운 게 아니라, 뭔가 처치를 하고 만났기에 더 반갑다.

9. 행동에 들어가라

맨날 다음에 해야지 하고 미루지 말고 지금 바로 행동에 들어가라. 조금이라도 그 지식에 다가가는 행동을 보여줘라.

10. 사실 일본어의 단어는 그렇게 바로 소리랑 뜻이 바로 연결될 성질이 아니다

그런 점은 한자어도 마찬가지이다. 그냥 그 소리에 이렇다는 것만은 어찌 어찌해서 나올 수 있는데 그게 아주 가까이가려면 그것은 조심해야 한다.

11. 미국인은 당신처럼 하지 않는다

영어 학원인지, 교재인지 기억이 잘 나지는 않지만 어떤 어학 광고 문구에서 '미국인은 당신처럼 하지 않는다.'라고 써진 말을 본적이 있다. 그 말 자체는 맞다. 실제로 우리가 모국어를 배우는 원리에 충실하고 그들의 현지 언어생활을 잘 관찰하면 어학은 의외로 답이 쉽게 나오는 학문 내지는 과목이다.

12. 뜻은 즉시 나와야 한다

뭔가의 뜻, 그 외국어의 뜻을 물어볼 때가 있는데 그게 바로 나오지 않으면 그것은 문제이다. 그야말로 온 타임 내지는 실시간이 되어야 한다.

그냥 '아 이거였지.' 뒷북치는 상태를 어떻게든 벗어나라. 활용을 하고 있는 상태 활용이 머릿속에 들어가는 상태라면 그것은 그런 상태를 벗어난 상태이다.

13. 네이버의 단어 변환 기능은 뛰어나다

1) 의미

거를 것은 거르고 맞출 것은 맞춰준다. 대단하다. 적극 활용해볼만 하다. 네이버 사전은 아주 잘되어 있는데, 한국말로 적은 그 해당언어의 소리를 그대로 적어도 상당수의 단어가 나오게 된다. 그것도 아이티의 힘이다. 즉 나름의 인공지능 기능을 바탕으로 해서 한글을 집어넣어도 적당히 소리를 감지해서 비슷한 일본어와 중국어 글자를 만들어서 조합해준다. 앞으로 베트남어 같은 것도 나올 것이다. 좋은 세상이다. 그래서 필자는 꼭 학습자들에게 IT 사전 내지는 인공지능 사전을 활용하라고 권한다. 세상은 바뀌어가고 있으니 우리의 학습방법도 그에 맞춰서 진화를 해야 한다.

2) 그것을 잘 활용하지 못하면 바보이다

잘 활용하면 적어도 10년 전에 어학을 배우던 사람들보다는 훨씬 더 진보된 모습으로의 공부를 하게 된다.

14. 실력이 실력을 낳는다

하나를 연결하면 그 연결한 것에서 또 새로운 이어짐이 있고, 꼬리에 꼬리를 문다.

15. 건전한 상식에 의한 확장이다

그래서 뭐를 잘하는 사람은 뭐도 잘한다는 소리를 한다. 다만 이것은 필자가 표현하는 식으로 깔때기처럼 잘 되어 있어야 한다. 그래야 수렴성이 된다. 그래야 자신의 건전한 상식이 실력으로 드러나게 된다.

16. 다양한 변형적 접근

1) 의미

단어를 좀 더 잘 활용하는 방법, 말 그대로 가지고 노는 방법 중에서 주제어별로 단어를 묶어서 정리해보고 외우는 것도 하나의 방법이 될 수 있다. 뭐 예를 들어서 먹는 것을 가지고 단어들을 모아본다든지 하는 식의 변형적인 모습으로도 가능하다.

2) 출간 시도

필자도 그런 시도를 가지고 여러 출간을 할 것이다. 그전에 여러분들도 아주 좋은 자료가 쌓인다면 그런 시도를 하시라. 우리나라의 어학관련 출판의 다양성은 아직도 한참 멀었다. 그러니 여지가 크다.

17. 일본어 공부와 '공부된 나'의 실체

1) 문제의식과 그 의미

도대체 모국어를 놔두고 외국어로서의 다른 언어는 어떻게 그 사람의 머릿속에 들어가는지에 대해서 의문이 들 때가 많이 있다. 그런 부분에 대한 공감을 충분히 한다.

2) 실체란 무엇인가 라는 생각을 하게 됨

영어는 그래도 소리만 캐치가 되면 바로 뜻이 나오는데, 일본어는 소리가 캐치되어도 그러지는 않은 상태의 경우가 많다. 일본어가 동음이의어적 속성이 강하기 때문에 그런 것도 있지만, 내가 이렇게 해서 어느 정도의 기본

상태로 수준을 만들어 두는 것, 지금은 내가 막 급박한 상태가 아니니 틈나는 대로 수준을 쌓다가 일정 순간이 되면, 내가 좀 급박히 말의 수준을 올려야 할 때가 오면, 더 극대화로 가게 하는 것이다. 그 말은 이제 내가 본질은 알게 되었다는 것이고, 나의 방법에 따로 흘림이 없다는 것이고, 이대로 하면 된다는 것이다.

3) 비유어

'에너지 레벨'이라는 표현이 어학의 수준에 참 잘 적응이 된다는 생각이 든다. 그렇게 해서 사람들이 좀 더 박진감 있고 쉽게 이해할 수 있는 개념이 될 듯하다. 모국어는 계속 사용하기에 에너지 레벨이 떨어지지 않는다.

18. 일본어 한자의 습득

1) 의미

습득을 하는 게 어려워 보인다. 왜 어려워 보이는가?

① 우리와 발음이 다르다
② 그러다보니 우리말은 소리가 다른데 일본어는 다 같은 소리 내지는 유사한 소리로 다가 오는 단어들이 많다.

2) 쉽게 생각하자

오히려 비슷한 소리가 많아서 소위 때려 맞추기가 가능하다. 특히 일본어는 경음과 격음의 차이, 즉 가와 까 그리고 카를 구별해서 표현하는 방식으로 해결하고 있는 점도 주목해서 보자.

19. 빨리 받아쓰기를 즐기는 수준이 되어라

1) 의미

일단 완전 정복, 마스터 이전에 받아쓰기를 즐기는 수준으로 빨리 만들어라. 즐긴다는 의미는 짜증이 나지 않는다는 의미이다.

2) 짜증이 나지 않을 정도

받아쓰기를 하면서 너무 알아먹는 게 없을 때는 아주 짜증이 난다. 그런 짜증이 나지 않게, 빨리 자신의 수준을 올려, 아주 조금만 찾아보고도 희열을 느끼는 수준으로 상승시켜야 한다.

3) 외국어를 즐길 상태

즐길 상태의 의미는 앞서 말 한대로 새로운 정보가 추가가 됨이 즐거움이 되어야지 고역이 되어서는 안 되는 상태이다. 또한 그러한 외국어가 머리에 담겨져 있는 상태는 준 휘발성 상태, 그러다가 금방 끄집어 낼 수 있는 상태를 말한다고 봐야 한다.

20. 단어의 어원암기

어원적 암기는 가장 좋다. 가장 논리적이다. 그것은 영어에서는 아주 많이 중요하고 중국어는 그 다음으로 중요하지만 일본어는 조금은 쉽지 않다. 다만 한자어에서는 필수적이다.

그러나 그 시작점이 문제가 된다. 그것을 실시간 이해수준으로 끌어올리기 위해서는 상당한 노력이 필요하다.

21. 하나의 외국어를 배움은 하나의 우리가 사는 질서에의 편입

그러니 종합적으로 공부해야 한다. 아니면 배경을 알아야 한다는 이야기를 하는 것이다. 이게 자연과학과의 차이이다. 물론 자연과학도 절대로 우리 생활과 유리되지 않지만 우리는 전력의 원리를 몰라도 전철은 잘도 타고 다닌다.

22. 진도표

진도표의 예시를 보여드린다. 이런 식으로 자신의 공부일기를 쓰던지 아니면 아주 간단하게라도 자신의 단어장의 진도를 표시하시라. 모든 공부가 어찌 계획대로 되리오. 그러기에 오히려 공부를 한 결과에 대해서 잘 정리를 해두면 소기의 성과를 거둘 수가 있다.

〈진도표의 예시〉

5시 366+0.6
6시 367+0.1
오후2시 367+0.4
5일(목) 오후 5시 368+ 0.6
오후 6시 369+0.1
6일(금) 오전7시반 369+0.5
9시반 370+0.6
10시반 372+0.5
11시반 374
12시반 374+0.8
8일(일) 오전 9시 30분 394+0.4
9일(월) 오전 4시 396+0.5
5시 397+0.5
7시 398+0.3
오후 2시 398+0.8
10일(화) 오전 7시 401+0.3
11알(수) 오전 5시반 402+0.2
12일(목) 오전 5시 403+0.7
오후 2시 404

23. 존본

요즘 사람들 '존버'라는 표현을 많이들 쓴다. 젊은이들 용어로 '존0 버틴다.'의 줄임말이라고 한다. 그렇다면 우리는 잘 안 외워지는 단어들에 장치를 해서 '존0 본다.'를 줄여서 '존본'이라는 표현을 쓰면 어떨까. 어울려 보인다.

박히는 것을 제대로 자주 봐야 한다. 안 박히는 것은 자주 봐봐야 별로 효험이 없다. 그럼 그 기준이 무엇이냐고? 이 책 군데군데에서 자주 소개하지만 혼자 동 떨어져 있는 지식은 자주 봐도 기억 안 난다. 대표적인 예로 외국어와 단어와 그 한국어 뜻 말이다.

24. 스피킹

1) 결국 지식이 차면 입이 움직인다

그걸 어떻게 내게 도입하는가가 문제이다. 그 지식이 차는 것의 정점이 스스로 강사가 되는 것이다. 단어가 풍부해야 결국 살아남는 게 스피킹이다. '이런 때 이런 표현을 어떻게 하지?' 라고 자문 할 때에 잘 답하는 게 중요하다. 그러려면 단어가 풍부히 뇌에 장착이 되어 있어야 한다.

2) 리딩도 유사하다

그래서 선생님들이 리듬감을 가지고 크게 외치면서 공부하라라고 한다. 바로 '귀 뇌'가 발달하게 하려고 그러는 것이다. 알고 써야 한다. 알고 읽어야 한다. 특히 알고 읽기에 대해서는 좀 더 자세히 생각해보면 멍하니 읽으면 아무것도 되는 게 없다. 그게 바로 우리의 실시간 정신이다.

3) 잘 경청하라

사람의 성격에 따라서는 외국인과의 대화 특히 프리토킹을 할 때 자신의 말만 너무 많이 하려고 하는 사람이 있다. 그것은 아마도 평소의 성격 탓도 있지만 외국인과의 대화에서 이야기를 듣는 리스닝에 자신이 없어서 먼저 말을 많이 하려는 행동을 보이는 사람도 있을 것이다. 지금까지의 학습은 주로 말하기를 위주로 했는데 이젠 리스닝, 잘 듣는 사람이 되어야 한다. 그래야 자신이 손해를 안 본다. 그리고 그럴 만큼의 실력향상을 필자가 해 드리겠다.

4) 속도가 중요하다

무엇보다 귀 뇌가 중요하다. 내가 순간 영작이나 말하기 기술이 저 원어민 스피커들의 속도를 따라가지 못 한다는 것도 의미가 큰 말이다. 일단 필자의 원리대로면 그 정도의 소리를 낼 줄 알아야 리스닝이 된다고 했기에 말이다. 물론 지금의 방법은 그 정도의 소리를 실시간 말하기로 못 내뱉어도 그 정도를 듣거나 그 정도에 근사하게 듣기가 가능하도록 학습해가자는 방법이다.

25. 속담집 보기

보기는 의미가 있다는 것은 너무도 이제들 당연히 알기에 어떻게 볼지에 대해서 제시를 한다.

1) 집중한다

아는 것을 늘려나가기 위해서 모르는 것에 집중한다. 모르면서 반복하는 것은 가급적 피한다.

2) 순위를 매기거나 연관을 짓는다

① 다른 속담집도 같이 봐서 더 스크래치를 많이 낸다. 단독적 계속 읽기만으로 스크래치가 나기는 쉽지 않다.
② 인상적인 것은 책 여러 권인데 그게 공간문제나 예산 문제 등으로 부담스러우면 책 산책도 의미가 있다.
③연관을 위해서 흠집 내기를 해둔다. 지금의 메모처럼 한 페이지를 봐도 뭐래도 한 마디래도 적어둔다.

3) 결국은 상호 시너지

단어장이 속담집을 도와주고 그러면서 속담집이 단어장을 도와줘야 한다. 즉 서로 상호 시너지가 된다.

4) 과거의 시도

과거에는 속담집에 의존해 외국어를 하려는 시도도 있었다. 속담집에서의 말투, 문장은 기본 회화에서의 말투나 문장과 다른 모습일 것이다. 그게 무슨 상관인가? 향유의 수준에서는 그게 아직은 그렇게 문제되지 않는다.

26. 정렬적 사고

1) 의미

쿼리식의 사고를 의미한다. query 말이다. 소트라고 해도 될듯하다.

정렬의 의미는 순서대로 되어 있고 이게 우리의 순서배치를 정당화 하는 키워드, 포장하는 키워드를 말한다.

2) 정렬의 기준

언어의 가나다 ABC 순/ 인과관계 순(시간순)

3) 정렬과 정열은 좋다

정렬은 아주 좋다. 정열이 아니라 정렬 말이다. 물론 공부에는 동기부여로서의 정열도 중요하다.

27. 수수께끼 풀기

받아쓰기나 듣기는 수수께끼 풀이라고 생각하고 접근하면 좀 더 흥미롭다. 지식인이라면 풀지 못한 수수께끼에 무척자존심이 상한다.

28. 영어의 특징

발음이 비슷한 단어나 청크는 다른 곳에서도(다른 언어) 있을 수 있는데 왜 유독 영어가 문제인가? 다른 언어는 그 정도로 내가 학습 안 했기에 그런가? 분명한 것은 일본어는 거의 한 단어 수준에서의 혼동만 있는 것 같다. 청크로 가면 구별화 된 뜻은 분명해지는 듯하다. 그것은 소리캐치와 어순의 문제이다.

29. 리듬감

1) 의미

일본어에서는 그 중요성이 영어만큼은 크지는 않지만 그래도 리듬감이 중요하다.

2) 관련성

스피킹과도 관련이 되고 머릿속 영어 엔진과도 관련이 되지만 문장 단위 등에 대해서 음률적 기운내지는 감각이 묻어나서 가야 한다. 뭐 하나를 발음할 때도 그런 음률 감감을 같이 가지고 있어야 들을 때도 그렇게 된다.

나는 나름대로의 그런 음률감각을 가지고 있는 편인가? 고민 안 해도 된다. 또한 그런 음률 감각을 아주 밖으로 많이 드러낼 필요도 없다. 그냥 속으로 삭여도 된다. 그 저들이 말하는 빠른 속도를 따라가기에는 차근차근해야 하는데 그 차근차근 따라가는 시발점이 바로 운율감각이다. 즉 그 운율감각에 따르면 호흡조절도 하면서 노래 부르듯이 가능하다.

30. 작은 목소리에 주목하자

영어로 '프랭클리 스피킹(Frankly speaking)'이라든지, 또는 일본어로 '다토에바(たとえば') ~ 카모시레나이(かもしれない)'라고 할 때 그 말은 들릴지 몰라도 오히려 우리가 들어야 할 중요한 이야기는 그 말 뒤에 오는 내용일 것이다. 그런 중요한 내용은 작은 목소리로 이야기 한다. 강조된 곳을 들으라는 이야기와 오히려 반대의 이야기가 될 수도 있는 이야기지만 정작 중요한 곳은 작은 목소리로 이야기 하는 부분이다.

31. 잠시 몰입

무엇인가를 들을 때는 잠시 몰입의 모드가 된다. 그래서 '아 그러겠구나.'하는 것이 결과물로 담겨야 한다.

쉬어가는 페이지 : 뉴욕 메트로 폴리탄

필자가 학습자 분들에게 박물관 이야기를 자주 하는 것은 우리 학습자분들이 전 세계를 돌면서 많은 것을 경험하고 그것을 자신의 머릿속에 넣기를 많이 바라기 때문이다. 그런 의미에서 우리는 뉴욕의 메트로폴리탄 박물관을 꼭 가볼 필요가 있다. 거길 가보면 왜 미국은 대국인지, 왜 우리가 미국 일본을 꼭 따라 잡도록 노력을 해야 하는지 자극을 받게 된다.

뉴욕에 출장을 가면 꼭 박물관 한 군데 이상은 보고 온다. 메트로폴리탄은 뉴욕을 가서 한번쯤은 가보게 되는 곳이다. 그 방대함에 질려버린다. 특히 미이라 한두 개를 보고 탄성을 하다가 이제 미이라는 그만 나와라, 할 정도로 질리게 봐버린다. 보는 것도 질려버리는데 그 전시의 정성은 어쩌랴? 그게 바로 선진국의 저력일 것이다.

주목을 하고 싶은 것은 우리나라와 중국 그리고 일본을 보는 미국의 태도이다. 중국관은 방대하다. 일본관은 아기자기하면서도 뭔가의 나타냄이 있다. 그러나 한국은 별로 자취가 없다. 물론 대등한 관계로 계속적으로 미국과 교류를 한 일본에 쉽게 비길 수는 없지만 그래도 따로 뭘 물어볼 것도 없이 그들 미국인들이 어찌 3국인들을 생각할까를 생각해보면 그들의 밑바닥 민심이 나온다. 이제는 우리가 그런 것들을 개선하고 나아지게 할 때가 되었다.

XVIII. Q&A

XVIII. Q&A

1. 단어와 유명인을 연결

Q. 유명인과 단어를 결합해서 외우는 방식으로 하고 있는데 어떤지요?

A. 나쁘지 않습니다. 다만 그런 유명인의 속성이 그 연예인에게만 해당할까요? 그건 아니겠지요. 그런 점을 감안해야 할듯합니다. 그리고 그 단어의 외국어 소리와 그 유명인의 이름과 무슨 연관관계가 있다면 좋은데, 예를 들어서 '사라진 사라 오코너'처럼 말입니다. 그런데 그러지는 않겠지요? 그런 관계를 감안해 주세요.

2. 오늘부터 내 것으로

Q. 박사님의 방법으로 하니까 '단어들을 오늘부터 내 것으로 하고 싶어.' 이런 생각이 들어서 아주 미칠 지경이고 공부가 즐겁습니다. 맞는 거지요?

A. 맞습니다. 방법이 맞으면, 물론 그렇게 하다가도 슬럼프가 오기는 하고 학습 고원도 오기는 합니다만, 제대로의 방법대로 해서 실력의 수직 상승이 느껴지면 공부가 재미있고 저 흘러가는 일본어 소리를 내 것으로 빨리 다 하고 싶다는 욕심이 생깁니다. 그러니 당연한 질문입니다.

3. 공부에너지를 다른 언어에도

Q. 일본어를 이렇게 해서 어느 정도 마스터 하면 다른 언어에 이런 방식을 도입해서 또 정복을 하고 싶습니다.

A. 맞습니다. 그렇게 됩니다. 저희 연구소도 영어에서 출발해서 일본어로 중국어로 프랑스어로 베트남어로 확장했습니다. 그렇게 치면 할 거 많은 게 우리의 인생입니다. 아옹다옹 하고 살 필요가 없지요.

4. 그냥 듣기만 하기, 그냥 받아쓰기만 하기

Q. 저는 일본 가서도 방송 받아쓰고 해봤는데 다른 대안이 없을 정도로 잘했다고는 보지만 단어소리와 의미 간에 특별한 연계성이 많이 부족하다고 느꼈습니다. 다른 시도가 필요하다고 생각하여 한글로 그것들을 잇는 시도를 해보기는 했는데 다 허시였던 거 갔습니다. 단어를 너무 어렵게 외웠기에 이제 극복하려고 하려는 와중에 박사님의 방법을 만나서 아주 좋습니다.

A. 네. 딱히 별 진보가 없이 그냥 듣기만 해서는 안 됩니다. 한 걸음 한 걸음 앞으로 나아가야 하고 그 나아가는 것은 실시간으로 이해를 하는 수준이 최종목표가 될 것입니다.

5. 영어공부 절대로 하지 마라

Q. 도서관에서 봤던 그 책하고 많이 비슷하다고 느꼈습니다. 그런가요? 그 책도 출간 당시에는 아주 센세이션 했다고 하던데요.

A. 네. 맞습니다. 진리는 독식의 산물이 아닙니다. 그러니 내 말만 맞는다고 말하는 사람이 제일 바보 같습니다. 사람은 공부를 하다보면 진리는 연결이 됨에 대해서 느끼게 됩니다. 좌우지간 그 책은 그 당시에 굉장히 영어뿐만 아니라 외국어 방법론에 대해서 논쟁의 큰 불을 지핀 책임에는 분명합니다. 분명히 우리 출판과 어학에 한 획을 그은 책이라는 이야기이지요.

6. 속담집 보기

Q. 속담집 보기는 아주 좋은 공부지요? 재미도 있고 용례도 많고 말입니다.

A. 맞습니다. 우리가 속담을 의도적으로 공부하지 않아도 우리 한국인들에게는 대략 최소한 100개 정도의 속담이 우리의 뇌 속에 담겨져 있습니다. 세밀히 말하면 귀 뇌에 말입니다. '소 읽고 외양간 고친다.' 같은 것들 말입니다. 그러니 그 해당외국어의 최대한 많은 속담을 가지고 계십시오, 꼭 스피킹이나 리스닝에서 바로 써먹지 못해도 그게 단어 실력을 빨리 실시간을 가지고 가는데 큰 무기가 됩니다.

7. 마스터에 얼마의 시간이 걸릴까요?

Q. 허망하고 의미 없는 질문이지만 일본어의 정복까지 얼마의 시간이 걸릴까요? 어느 정도의 총시간이 걸릴까요?

A. 무의미하긴 하지만 그래도 숫자 놀음으로 해보면, 단 정말로 미친 듯이 공부한다는 가정 하에서 본다면, 저는 369를 생각합니다. 그래서 아주 공부가 많이 된 사람은 대략 3개월, 좀 공부가 아주 많이 안 된 사람은 좀 미친 듯이 한다는 가정 하에서 9개월에서 1년이 걸린다고 봅니다. 물론 이것은 아주 모호한 기준이지만, 여러분들에게 아주 힘을 드리는 제언입니다.

혹시 그 3개월이나 6개월이나 9개월 또는 1년도 길다고 생각하면 그것은 다소 욕심쟁이입니다. 다만 그래도 여러분들은 얼마나 다행입니까? 우리 연구소는 공부도 해가면서 이론도 정리를 하면서 완성을 했는데 말입니다. 여러분들은 공부만 하면 되지 않습니까. 하하.

8. 자기 단어장이 중요하지 않은지요?

Q. 이 책대로 단어장을 만들면 좋지만 시간이 많지 않아서 연구소에서 만든 가나다 순 단어장을 구입하려는데 학습 효과가 반감되지는 않을까요?

A. 물론 자기가 만든 게 제일 좋지만 시간 투자가 요구되므로 단어장 구입은 시간절약에 유리하겠지요. 그래서 둘 다 무방합니다. 우리 연구소에서도 '아 누가 좀 이런 거 좀 미리 만들어 줬었다면'하는 생각 많이 합니다.

9. 텔레비전으로 공부하기

Q. 저는 유튜브같은 미디어로 많이 공부하는데요. 이렇게 해도 괜찮지요?

A. 영상 미디어에서 나오는 소리는 우리가 습득을 해야 하는 소리가 됩니다. 라디오도 마찬가지죠. 실생활에서 쓴다는 점을 무척 중시하고 싶습니다. 결국 우리 언어 왜 하나요? 실생활에서 하려고 하는 것이니까 말이지요.

10. 문법책의 어디를 다이어트로 빼고 보는가?

Q. 일본어도 영어만큼은 아니래도 문법이 의미가 있어서 보고 있는데, 이 시간을 줄이려면 어디서 스킵하거나 다이어트를 하고 넘어가야 할까요?

A. 네. 다 읽고 다 이해하면 좋은데 그럴 시간이 많지 않지요. 그런 시간을 줄이자는 게 우리연구소의 소명이기도 하구요. 주로 예문 부분을 스킵하시고 보면 됩니다. 보통 문법책들이 많은 예문을 보여주기 위해 노력하는데 그렇게까지 할 것은 없고, 예문부분을 적당히 보고 넘어가시면 됩니다.

11. 운전하면서 듣기

Q. 그럼 운전할 때 라디오를 듣는 것처럼 찾아보지도 못하면서 일본 뉴스 듣는 것은 아니라는 건가요? 저는 몇 년째 그렇게 하는데 집에서 다시 내용 확인을 안 해서 그런지 별로 진척이 없네요. 저는 여러 사정으로 일본 유학을 준비하는 나이가 좀 있는 회사원입니다. 출퇴근 시간만 잘 활용해서 공부하자는 생각인데 참 진전이 쉽지 않네요.

A. 지금 뉴스가 들린다면 학습자께서는 중간에 들어서 아는 단어도 있는데 어려운 단어들에 묻혀서 아는 것입니다. 어학은 모자이크입니다. 처음에는 그 위력을 잘 모르는데 실력이 쌓여서 뭉쳐지면 그 실력들끼리 네트워크를 이룹니다. 아무래도 운전하면서 듣기는 다른 것을 같이 활용해서 맞춰볼 기회도 적고, 자신이 모르는 부분을 메모하기가 어렵기에 확인 사살적 기능을 가지는 다소 완전체와는 거리가 있는 학습이라는 것을 명심하기 바랍니다.

뭐든지 안 하는 것 보다는 해서 나쁠 게 있겠습니까만 찾아보지 않는 것을 듣는 것은 좀 아닙니다. 출근하고 나서야 사무업무를 봐야 하니까 힘들다고 하더라도 퇴근하고 집에 와서는 반드시 자기 것으로의 먹거리 파일을 만드십시오.

12. 수수께끼 풀기

Q. 수수께끼 풀기 같은 느낌입니다. 그런 표현을 박사님도 하신 것 같아서 재차 물어봅니다.

A. 네. 아주 정확하고 맞는 표현입니다. 외국인이 우리에게 수수께끼를 내고 우리는 그것을 푸는 구조로 생각하면 외국어 학습은 아주 더 쉽습니다.

13. 정신줄이란?

Q. 그냥 들으면 안 되지요? '잡아서 하지 않으면 안 된다 그냥 듣는 것만으로는 안 된다.' 이런 생각이 많이 드는데 말입니다.

A. 네. 그것을 저는 정신줄이라고 표현합니다. 꼭 한국말로 그 단어나 그 청크의 뜻을 표현하지는 않아도 그게 무슨 소리인지 안다 모른다는 자신이 스스로가 알게 되어 있습니다. 모르면서도 계속 듣지는 말아주세요. 그게 제일 위험합니다.

14. 이미지메이킹과 실시간

Q. 저는 그전에 제가 어릴 때 학원선생님이 가르쳐준 대로 이미지메이킹을 통해서 언어를 접근합니다. 그게 박사님의 것과 유사해 보이는데 어떤지요?

A. 네. 맞습니다. 이미지를 메이킹해서 하던 어떻게 하던 그 단어 그 청크가 가지는 외국어 소리를 다른 작용 없이 무슨 말인지를 이해하려면 그것으로 된 것입니다. 잠시정도 한국말로 그 뜻이 생각 안 나도 그것은 한국말로의 표현의 문제일 뿐 그 말뜻이 무엇인지는 아는 단계까지가면 된 것입니다.

15. 외국인들 말소리가 한국말로 들리는데 정상이지요?

Q. 정말로 박사님 방법은 옳습니다. 그런데 한국말로 들여다보니 자꾸 길가는 외국 사람의 말도 한국말로 소리가 들리는데 정상인지요?

A. 지극히 정상입니다. 원래 그렇게 들려야 하는데 우리 풍토가 그러면 하급 수준으로 치부하고 경시했으니 문제입니다. 그걸 또 제가 여러분들의 족쇄를 풀어드렸고요. 족쇄를 풀었으니 자유로이 공부하시기 바랍니다. 그렇게 외국인들의 말의 소리를 캐치하려는 마음이 지극히 정상입니다.

16. 샤워

Q 지금의 텔레비전을 틀어놓고 듣기는 언어샤워라는 생각이 듭니다. 비유가 맞는지요?

A. 맞습니다. 샤워라는 표현 좋습니다. 그런데 참 비유를 잘 드셨는데 샤워기에서 아무리 좋은 물이 따뜻하게 잘 나와도 비누와 샴푸 칠을 제대로 하지 않으면 의미가 없겠지요? 그것처럼 언어가 나에게 산더미처럼 쏟아져도 내가 잘 정리를 해둬서 내 것으로 해두지 않으면 의미가 없습니다. 그 정리가 바로 제가 말씀드리는 ①받아듣고 적기 ②한국말로 된 단어장 만들기입니다.

17. 직청직해

Q. 직청직해와 실시간은 같은 의미이지요? 저는 공부하다 보니 특히 '직청직해'가 중요하다고 많이 생각이 되어서 말입니다.

A. 네. 맞습니다. 어느 정도의 실력이 쌓이고 수준이 되면 그냥 확인만 하고 '아 그랬지.' 하는 정도가 됩니다. 그 다음이 바로 직청 직해 단계라고 보시면 됩니다.

18. 소리 채록자

Q. 단어장을 만들면서 제 스스로가 점점 소리를 수집하는 소리 채록자가 되어가는 느낌입니다.

A. 굳이 본다면 점점 소리 채록자가 되어야 합니다. 하나하나의 외국인의 소리에 대해서 다 알아듣는 사람이 되어서 그것이 실시간으로 연결시킬 수 있으면 외국어가 두려울 리 없습니다. 그래서 해당 어학이 일정 수준이 되면 소리를 깔때기처럼 빨아들인다고 보시면 됩니다. 깔때기가 무엇입니까? 바로 모든 것을 흡수하고 모든 것을 다 받아들이는 것입니다. 즉 한국어로 기재된 외국 소리를 깔때기처럼 놓침 없이 빨아들인다고 보시면 됩니다. 그 정도 되기가 힘들어 그런데 그 정도 되기는 필자가 하라는 대로 하면 된다는 것입니다.

〈 키워드 〉

갈기갈기 이론
고원(plateau)
기억의 매개체
남는다 (또는 남는 공부)
네이버 사전
도치
동기부여
동시통역사의 예측훈련 수업
리듬감
만물박사
모자이크
문법 없이 듣기
바른 입력
바이링구얼(bilingual)
버전업
비익숙에서 익숙의 영역으로
빵빵이이론
서브노트
소리채록자
소소한 실천
수동태
시제
실시간
언어도 통계학
의문사 의문문
의미부여
의식의 흐름
직청직해
진군한다(하루하루 진군한다)
청크
큰소리로 읽기
킨코스
평생기억
후치
(언어에 대한)통계학적 접근
(자기만의)단어장
3000단어 이론
8품사

도 서 명: 일본어 직청직해로 어휘의 범위를 넓혀라: 일본 유학준비생을 위한 조언
저　　자: 최단시간일본어연구회
초판발행: 2019년 12월 4일
발　　행: 비피기술거래
발 행 인: 박기혁
등록번호: 제2016-000034호
주　　소: 서울특별시 영등포구 버드나루로 130 1층 104호(당산동, 강변래미안)
Tel.(02) 535-4960　Fax.(02)3473-1469

Email. kyoceram@naver.com

이 도서의 국립중앙도서관 출판예정도서목록(CIP)은 서지정보유통지원시스템 홈페이지(http://seoji.nl.go.kr)와 국가자료종합목록 구축시스템(http://kolis-net.nl.go.kr)에서 이용하실 수 있습니다. (CIP제어번호 : CIP2019048378)

BP기술거래 베스트셀러 LIST10

만화 김영란법 Q&A
저자 김상목 / 30,000 원

동호인 테니스를 이기는 절대적인 방법 발리 [VOLLEY]
저자 박기혁 / 25,000 원

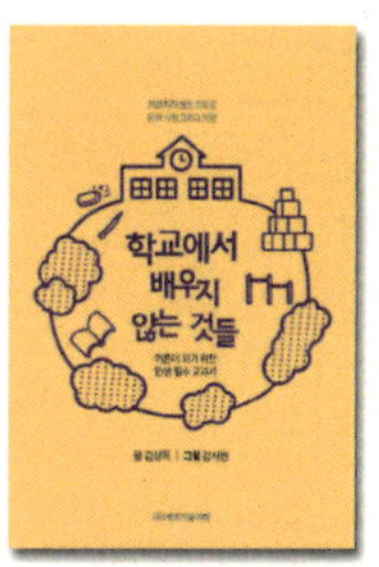

학교에서 배우지 않는 것들
글 김상목 그림 김서현 / 30,000 원

융합은 즐거움이다
저자 비피기술거래 / 30,000 원

누구나 이모티콘을 제작할 수 있다
저자 비피기술거래 / 60,000 원

블록체인 산업 지도를 바꾼다
저자 비피기술거래 / 60,000 원

자율주행자동차 인공지능 보고서
저자 비피기술거래 / 60,000 원

4차산업과 마이스(MICE) 컨벤션 산업의 발전
저자 박기혁, 송승룡, 비피국제회의기획 / 30,000 원

자율주행 자동차 시대를 위한 법적인 과제와 준비
저자 권영실 변호사 / 60,000 원

문재인 정부의 과학기술정책
저자 비피기술거래 / 60,000 원

BP Book List

001 유아용품 시장조사 보고서 (20161027 절판)

002 페라이트시트 관련 시장동향 보고서
저자 비피기술거래 / 120,000

003 [개정판] 페로브스카이트 태양전지 국내외 현황조사
저자 비피기술거래 / 120,000

004 [개정판] LED 산업 분석
저자 비피기술거래 / 120,000

005 Silver Epoxy & Ink Cu ink&paste 시장보고서
저자 비피기술거래 / 120,000

006 확대되는 열가변저항기(Thermistor)의 기술, 시장 전망과 최근 개발 동향
저자 비피기술거래 / 120,000

007 [개정판] 자동차용 배기온도센서 관련 시장동향 보고서
저자 비피기술거래 / 120,000

008 골충전재 시장 조사 보고서
저자 비피기술거래 / 120,000

009 전고체전지 기술조사 보고서
저자 비피기술거래 / 120,000

010 [개정판] 티타늄 소재시장 가능성과 수요조사 보고서
저자 비피기술거래 / 120,000

011 [개정판] Etchant 기술동향 및 분석보고서
저자 비피기술거래 / 120,000

012 [개정판] 다공성세라믹 적용 산업 현황 보고서
저자 비피기술거래 / 90,000

013 [개정판] 열전발전소자 및 Hermetic sealing 관련 기술동향 및 분석 보고서 (20180214 절판)
저자 비피기술거래 / 120,000

014 [개정판] Fine Pitch 배선 형성용 구리에찬트 조사보고서
저자 비피기술거래 / 120,000

015 [개정판] 알루미늄 도금기술 접목한 섬유분야의 상용방안 및 시장성 보고서
저자 비피기술거래 / 120,000

016 [개정판] 쿼츠 Quartz 유리산업 분석을 통한 정밀광학기기 및 광학용부품 시장조사 보고서
저자 비피기술거래 / 120,000

017 고기능성 나노코팅 소재 보고서 (20170517 절판)

018 외발자전거 시장 조사 보고서
저자 비피기술거래 / 120,000

019 [개정판] 자전거 스마트폰 거치대 시장 조사 보고서
저자 비피기술거래 / 120,000

020 [개정판] 전력절감 시스템 시장조사 보고서
저자 비피기술거래 / 120,000

021 [개정판] 시멘트 산업 시장동향 보고서
저자 비피기술거래 / 120,000

022 [개정판] 1인 가구 증가에 따른 산업동향 변화보고서
저자 비피기술거래 / 120,000

023 전통문화의 시장 및 기술동향 – 한옥과 친환경주택
저자 비피기술거래 / 120,000

024 브렉시트(Brexit) 본질위기 유망산업 보고서
저자 비피기술거래 / 30,000

025 뉴로모픽기술과 시장보고서
저자 목하균 / 60,000

026 [개정판] 전기차 충전기 시장조사 보고서
저자 비피기술거래 / 120,000

027 신재생 에너지 기술 및 시장 분석
저자 김송호 / 60,000

028 테슬라의 한국 상륙–우리는 과거시대의 악몽을 반복할 것인가
저자 비피기술거래 / 60,000

029 김영란법 Q&A
저자 김상목 · 박기혁 / 60,000

030 회의를 디자인하라 (20180605 절판)
저자 김상목 / 30,000

031 도날드 트럼프 당선시의 한국경제, 기업에의 영향과 유망산업보고서
저자 비피기술거래 / 30,000

032 모바일 및 웨어러블 기기용 화학, 환경 센서 시장조사 보고서
저자 비피기술거래 / 120,000

033 전통문화의 시장 및 기술동향 – 전통식품
저자 비피기술거래 / 120,000

034 듀얼카메라 시장조사 보고서
저자 비피기술거래 / 120,000

035 기업들이 망하는 20가지 이유 – 신규 창업인이 회사를 망하게 하는 20가지 착각
저자 박기혁 / 30,000

036 [개정판] 모바일화에 따른 온라인 문화콘텐츠산업 동향
저자 비피기술거래 / 120,000

037 미세먼지에 관련된 국내시장분석 보고서
저자 비피기술거래 / 120,000

038 [개정판] 트렌드 변화에 따른 인테리어, 가구 시장 보고서
저자 비피기술거래 / 120,000

039 힐러리 클린턴의 집권이 우리나라에 미칠 영향
저자 비피기술거래 / 30,000

040 [개정판] MEMS 기술 산업 전략 보고서
저자 비피기술거래 / 60,000

041 반려동물 산업과 첨단 기술의 만남
저자 비피기술거래 / 60,000

042 할랄화장품
저자 비피기술거래 / 60,000

043 포켓몬go 성공요인과 파급 효과
저자 비피기술거래 / 30,000

044 융합은 즐거움이다 – 과학기술과 인문학의 collaboration
저자 비피기술거래 / 30,000

045 중국 의약품, 아동 의약품, 동물 의약품, 온라인 약국등의 시장과 제도 및 진출전략
저자 비피기술거래 / 60,000

046 조명시장과 OLED 시장보고서
저자 비피기술거래 / 60,000

047 [개정판] 고체산화물 연료전지(SOFC) 정책 및 시장과 개발 업체 동향, 기술현황과 사업아이템
저자 비피기술거래 / 120,000

048 [개정판] 방열소재시장과 기술동향
저자 비피기술거래 / 60,000

049 남성화장품 시장 조사 보고서
저자 비피기술거래 / 60,000

050 우리나라 지진역사와 주요국 대피시스템 비교 그리고 관련산업 동향
저자 목하균 / 60,000

051 집단 토론 면접 가이드 (20180605 절판)
저자 김상목 / 30,000

052 콘텐츠 큐레이션(Contents Curation)
저자 허두영 / 30,000

053 한국인이 두려워하는 대통령 트럼프가 제시한 5대중요정책(보호무역,한국혐오등)과 그에 대한 대처법 보고서 저자 비피기술거래 / 30,000

054 기후 변화와 녹색 성장
저자 김송호 / 60,000

055 적외선센서 보고서
저자 비피기술거래 / 120,000

056 교수 및 고위 공무원이 해외연수 잘 다녀오는 방법
저자 비피기술거래 / 30,000

057 그린 비즈니스 – 스마트 그리드그린건물 · LED 조명
저자 김송호 / 30,000

058 (만화) 김영란법 Q&A
저자 김상목 / 30,000

059 동호인 테니스게임에서 이기는 절대적 방법 – 발리
저자 박기혁 / 30,000

060 도널드 트럼프 당선 – 세계는 어떻게 될까
저자 비피기술거래 / 30,000

061 시스템 반도체 산업동향보고서
저자 목하균 / 120,000

062 R&D지원사업 200% 활용하기 연구소기업과 기업 부설연구소의 설립
저자 비피기술거래 / 25,000

063 COFFEE, 한 잔의 커피는 한 번의 여행과 같다
저자 이강복 / 30,000

064 대한민국 정치인과 기업인 리더가 트럼프의 대선 승리에서 배워야 할 7가지 교훈
저자 비피기술거래 / 60,000

065 주식시장리포트 – 이 주식들이 곧 오를 수밖에 없는 다섯 가지 이유
저자 비피기술거래 / 50,000

066 [개정판] 미국인이 사랑하는 미셸 오바마
저자 비피기술거래 / 30,000

067 그린 비즈니스 – 전기차와 이차전지
저자 김송호 / 60,000

068 화합물 반도체산업 동향 보고서
저자 박진석 / 120,000

069 중국 가전제품 시장 보고서
저자 비피기술거래 / 120,000

070 학교에서 배우지 않는 것들 – 어른이 되기 위한 인생 필수 교과서
저자 김상목 · 김서현 / 120,000

071 B급 전략 평범한 회사나 개인도 절대로 망하지 않게 하는 특급전략
저자 박기혁 / 30,000

072 [개정판] 편의점 사업의 현재와 미래 편의점 사업 이대로 좋은가
저자 비피기술거래 / 120,000

073 뉴요커를 사로잡을 7가지 사업 아이템
저자 비피기술거래 / 60,000

074 유커 발길을 잡아라 – 유커 관광산업 보고서
저자 비피기술거래 / 60,000

075 [개정판] 생활화학제품 이대로 좋은가? – 화학제품 공포증의 올바른 이해
저자 비피기술거래 / 60,000

076 [개정판] 베지테리안 국내외 채식주의 산업 시장 보고서
저자 비피기술거래 / 120,000

077 [개정판] 탄소섬유 국내외 기술 및 시장동향과 업계 현황 보고서
저자 김상목 · 박기혁 / 120,000

078 일본 이화학연구소 – 리켄(RIKEN)심층연구
저자 비피기술거래 / 60,000

079 정전기 방전 기술과 시장동향 보고서
저자 비피기술거래 / 60,000

080 만화 – 박사장의 집단토론면접가이드
저자 김상목 · 비피기술거래 / 30,000

081 [개정판] 반도체 멤스프로브카드의 최신 기술 및 시장 동향보고서
저자 비피기술거래 / 60,000

082 융합기술이 답이다 – 일본과 우리나라의 기술융합정책
저자 비피기술거래 / 60,000

083 대학교수 고위공무원의 1년연수(안식년, sabbatical) 잘 다녀오는 법
저자 박기혁 · 이인성 / 30,000

084 유아용품 시장동향 보고서 – 중국 유아용품시장을 중심으로
저자 비피기술거래 / 120,000

085 누구나 이모티콘을 제작할 수 있다 – 이모티콘의 현재와 미래시장 현황과 제작 및 등록방법
저자 비피기술거래 / 60,000

086 절삭공구에 대한 유저들의 니즈 파악 및 세라믹 응용 가능 분야 연구보고서
저자 비피기술거래 / 30,000

087 만화 – 박사장의 사업론
저자 박기혁 · 비피기술거래 / 30,000

088 로드리고 두테르테의 명과 암 그리고 도널드트럼프
저자 비피기술거래 / 60,000

089 쾌남 이재명, 그는 누구인가? (20191121 절판)
저자 김상목 / 30,000

090 [개정판] 블록체인 산업 지도를 바꾼다
저자 비피기술거래 / 60,000

091 스퍼터(Sputter) 및 스퍼터링(Sputtering) 관련 산업 및 기업 시장 조사 보고서
저자 비피기술거래 / 60,000

092 자율주행자동차 시대를 위한 법적인 과제와 준비
저자 권영실 / 60,000

093 [개정판] 자율주행자동차 인공지능 보고서
저자 비피기술거래 / 60,000

094 삼일만에책한권쓰기프로젝트
저자 박기혁 / 30,000

095 헬시 클린턴,무대에서다 – 反트럼프의 비상구
저자 비피기술거래 / 30,000

096 문재인 정부의 과학기술정책
저자 비피기술거래 / 60,000

097 일상 생활에서 사용하는 전기차 이야기 – 전기차의 매력
저자 안규찬 · 이봉길 / 60,000

098 만화 – 평범한 회사나 개인도 절대로 망하지 않게 하는 특급 B급 전략
저자 비피기술거래 / 30,000

099 만화로 읽는 학교에서 배우지 않는 것들 – 어른이 되기 위한 인생필수 교과서
저자 김상목 · 비피기술거래 / 30,000

100 문재인 정부의 부동산 정책 분석
저자 박기혁 · 변한수 · 비피기술거래 / 60,000

101 알고 싶은 철도산업 이야기
저자 비피기술거래 / 60,000

102 사이버 섹스 산업
저자 비피기술거래 / 30,000

103 동호인 테니스를 끝내 이기기 위한 살인병기: 결정발리, 서브, 스매싱
저자 박기혁 / 25,000

104 동호인 테니스, 심리학과 심리전으로 무장하면 백전백승
저자 박기혁 / 25,000

105 4차산업과 마이스(MICE) 컨벤션 산업의 발전
저자 박기혁 · 송승룡 · 비피국제회의기획 / 30,000

106 건강한 피를 만들기 위한 섭취법
저자 비피기술거래 / 30,000

107 만화로 읽는 3일만에 책한권쓰기 프로젝트
저자 박기혁, 그림 비피기술거래 / 30,000

108 미생 몸매 소유자가 들려주는 완생 다이어트
저자 박기혁 / 30,000

109 메모의 마법 – 책이 술술술 써지는 메모 습관
저자 박기혁 / 30,000

110 노벨 두드림: 이 책 읽고 노벨상 받자 〈노벨평화상〉
편집 비피기술거래 / 30,000

111 노벨 두드림: 이 책 읽고 노벨상 받자 〈노벨문학상〉
편집 비피기술거래 / 30,000

112 노벨 두드림: 이 책 읽고 노벨상 받자 〈노벨물리학상 1〉
편집 비피기술거래 / 30,000

113 노벨 두드림: 이 책 읽고 노벨상 받자 〈노벨물리학상 2〉
편집 비피기술거래 / 30,000

114 노벨 두드림: 이 책 읽고 노벨상 받자 〈노벨화학상 1〉
편집 비피기술거래 / 30,000

115 노벨 두드림: 이 책 읽고 노벨상 받자 〈노벨생리의학상 1〉
편집 비피기술거래 / 30,000

116 노벨 두드림: 이 책 읽고 노벨상 받자 〈노벨화학상 2〉
편집 비피기술거래 / 30,000

117 노벨 두드림: 이 책 읽고 노벨상 받자 〈노벨생리의학상 2〉
편집 비피기술거래 / 30,000

118 노벨 두드림: 이 책 읽고 노벨상 받자 〈노벨경제학상 2〉
편집 비피기술거래 / 30,000

119 후미진 곳의 매출부진 카페에 손님이 들게 하는 마법–카피스 카페 설립하기
저자 박기혁 · 송승룡 · 비피기술거래 / 30,000

120 현직 카페 주인 100명이 말하는 카페 커피숍 무조건 망하니까 절대 하지마라
저자 박기혁 · 송승룡 · 비피기술거래 / 30,000

121 현직 카페 사장 100인이 말하는 성공하는 서점겸 카페 차리기
저자 박기혁 · 송승룡 · 비피기술거래 / 30,000

122 현직 카페 사장 100인이 말하는 커피숍 바리스타
저자 박기혁 · 송승룡 · 비피기술거래 / 30,000

123 [개정판] 미래산업시리즈 – 3D 스캐닝 산업
저자 비피기술거래 / 60,000

124 124.성공하는 카페는 이렇게 일한다
저자 비피기술거래 / 30,000

125 [개정판] 드론 그것이 궁금하다
저자 비피기술거래 / 60,000

126 냉면으로 대박나는 요식업 창업전략 (20180430 절판)
저자 비피기술거래 / 60,000

127 위조 방지 기술
저자 비피기술거래 / 60,000

128 [개정판] 뉴로모픽 그것이 궁금하다
저자 비피기술거래 / 60,000

129 [개정판] 4차 산업혁명의 기회 – 누구나 뉴칼라가 될 수 있다
저자 비피기술거래 / 60,000

130 산전수전 다겪은 선배가 알려주는 캠퍼스 라이프 꿀팁
저자 비피기술거래 / 30,000

131 하루만에 끝내는 전자회로 개론
저자 비피기술거래 / 30,000

132 휴대폰 호갱 탈출기 (20180330 절판)
저자 비피기술거래 / 30,000

133 소비자를 사로잡는 특별한 10퍼센트: 스페셜티 카페의 모든것
저자 비피기술거래 / 30,000

134 원소의 탄생일지1: 주기율표song
저자 비피기술거래 / 60,000

135 4차 산업혁명 파생산업 시리즈: PID 센서
저자 비피기술거래 / 60,000

136 에코–프렌들리 비즈니스의 첫걸음: 난 돈 벌면서 커피 찌꺼기 버린다
저자 비피기술거래 / 30,000

137 4차 산업혁명 파생산업 시리즈: 에너지 절약형 유리
저자 비피기술거래 / 60,000

138 21세기 팔빙수 백서 (20180531 절판)
저자 비피기술거래 / 30,000

139 온 국민이 즐기는 응원제
저자 비피기술거래 / 30,000

140 전 세계에 파란을 예고한 물 부족_인쇄용
저자 비피기술거래 / 30,000

141 똑똑한 AI를 만드는 작은 차이, 머신러닝과 딥러닝
저자 비피기술거래 / 60,000

142 4차 산업혁명 파생산업 시리즈: 저온 동시 소성 세라믹스
저자 비피기술거래 / 60,000

143 원소의탄생일지2: 전이금속
저자 비피기술거래 / 30,000

144 원소의탄생일지3: 세계자원확보전쟁의 주인공 희토류
저자 비피기술거래 / 30,000

145 천원이면 누구나 할 수 있는 복권 재테크 – 로또복권
저자 비피기술거래 / 30,000

146 폭락장 속의 생존기술: 가상화폐의 기초 이해하기
저자 비피기술거래 / 30,000

147 한권으로 끝내는 텐서플로, AI 머신러닝 개발하기
저자 비피기술거래 / 30,000

148 4차 산업혁명 파생산업 시리즈: 주문형 반도체 산업
저자 비피기술거래 / 60,000

149 Why(Y)세대 트렌드; 털(毛)털(毛)한 남자_최종
저자 비피기술거래 / 30,000

150 1퍼센트를 위한 한국과 중국의 도자기 산업백서
저자 비피기술거래 / 30,000

151 4차 산업혁명 파생 기술 시리즈; 스마트 그리드와 사물인터넷, 빅데이터의 이해
저자 비피기술거래 / 60,000

152 나는 비트코인 말고 미생물에 투자하기로 결심했다; 떠오르는 에코 프랜들리 비즈니스
저자 비피기술거래 / 60,000

153 주(住)목하라,삶의 공간에 관한 디자인과 인테리어
저자 비피기술거래 / 30,000

154 4차 산업혁명 파생 산업 시리즈: ICT 서비스 산업
저자 비피기술거래 / 60,000

155 알기 쉬운 암호 기술 변천사; 고전기술에서 비트 코인까지
저자 비피기술거래 / 60,000

156 청춘의 연애심리학: 올해는 반드시 연애 많이 하는 남자가 되자
저자 비피기술거래 / 30,000

157 한권으로 끝내는 전기공학 개론
저자 비피기술거래 / 60,000

158 4차 산업혁명 파생 기술 시리즈; 반도체 공정 중 다공성 회전 바이스 산업 분석
저자 비피기술거래 / 60,000

159 한권으로 끝내는 블록체인 원천 기술: 현대의 암호학
저자 비피기술거래 / 60,000

160 4차산업혁명 파생기술 시리즈: 수소에너지 제조 기술
저자 비피기술거래 / 60,000

161 당신도 할 수 있다 청춘 재테크; 자취방부터 주택 청약까지
저자 서울대OB주식연구회 / 30,000

162 캠핑 마스터, 오감으로 즐기는 365일 캠핑
편집 비피엔터컨텐츠연구소 / 30,000

163 4차산업혁명 파생기술 시리즈: 에너지 저장 기술 (ESS) (20190425 절판)
저자 비피기술거래 / 60,000

164 제4차 산업혁명의 꽃 전장사업: 왜 삼성은 전장사업에 목숨을 걸까
저자 비피기술거래 / 60,000

165 PD, 작가들이 즐겨보는 방송소재집; 요식업 창업 전략 '냉면' 편
편집 비피엔터컨텐츠연구소 / 30,000

166 청춘 산업 보고서; PD, 드라마 작가, 소설가들이 꼭 봐야할 참신한 이야기
편집 비피엔터컨텐츠연구소 / 30,000

167 4차 산업혁명 벨류체인 및 ICT 산업 전략 분석
저자 비피기술거래 / 60,000

168 잘 나가는 BJ 들의 비밀 코드; 1인 미디어 플랫폼 시장 산업 분석
편집 비피엔터컨텐츠연구소 / 30,000

169 동호인 테니스, 고수가 되는 법은 손목에 있다
저자 박기혁 / 25,000

170 인터넷쇼핑 싸게 잘하는 핵꿀팁
편집 비피엔터컨텐츠연구소 · 조아영 / 30,000

171 떠오르는 태양 E-SPORTS
편집 비피엔터컨텐츠연구소 / 30,000

172 인공지능 시대에 대비한 지방대생 성공전략
저자 김송호 / 30,000

173 주식투자자들이 꼭 알아야 할 인공지능 트렌드와 주요기업 현황
저자 비피기술거래 · 한상훈 / 60,000

174 인슈어테크 산업전망 및 발전전략 보고서
저자 비피기술거래 / 60,000

175 가상현실, 증강현실 산업 분석 보고서
저자 비피기술거래 / 60,000

176 연수 첫 날 나눠주는 다른 회사 메뉴얼 훔쳐보기
저자 박기혁 · 비피기술거래 / 30,000

177 세계 환경과 관련한 사건, 사고 분석 보고서
저자 비피기술거래 / 30,000

178 4차 산업혁명을 현명하게 헤쳐나갈 유아교사를 위한 안내서
저자 비피교육연구소 / 30,000

179 4차 산업혁명 시대의 바이오 산업 분석 보고서
저자 비피기술거래 / 60,000

180 잘 팔리는 책을 빨리 쓰는 방법; 커피타임즈 글쓰기 책내기 센터 전략서
저자 비피기술거래 / 30,000

181 미생 몸매 소유자가 들려주는 완생 다이어트 (한국어,베트남어)
저자 비피기술거래 / 30,000

182 정부도 인정한 4차 산업의 핵심, GAME 산업의 1 to 100
저자 비피기술거래 / 60,000

183 경력단절 여성들이여 친정오빠 말대로 글쓰고 책내서 돈도 벌렴
저자 비피기술거래 / 25,000

184 4차 산업혁명 시대의 로봇 백서; 로봇 기술의 모든 것
저자 비피기술거래 / 30,000

185 디스플레이 전쟁
저자 비피기술거래 / 60,000

186 베트남에서 사업하고 싶은 사람을 위한 베트남 정보 개론
저자 비피기술거래 / 30,000

187 현직카페 사장 100인이 말하는 카페손님으로서의 공부족 연구
저자 비피기술거래 / 30,000

188 O2O 전쟁터 4차 산업혁명 시대의 숙박산업 보고서
저자 비피기술거래 / 60,000

189 리스닝 완벽하게 하기; 말하는 사람의 단어 하나하나를 충실히 듣기와 새기기
저자 비피기술거래 / 30,000

190 인공지능 기술과 콘텐츠 전쟁의 현주소; 최신 기술 및 유망산업 백서
저자 비피기술거래 / 60,000

191 정부도 인정한 4차 산업의 핵심, GAME 산업의 1 to 100 (한국어베트남어)
저자 비피기술거래 / 60,000

192 마음의 힐링, 인생 사업의 혁신을 위해 알래스카를 다녀와야 할 45가지 이유
저자 비피기술거래 / 30,000

193 백세시대를 준비하는 헬스케어 산업의 동향과 전망
저자 비피기술거래 / 60,000

194 마이크로웨이브 건조기술 백서
저자 비피기술거래 / 60,000

195 인도에서 사업하고 싶은 사람을 위한 인도 정보 개론
저자 비피기술거래 · 박기혁 공저 / 30,000

196 현장의 유아교사를 위한 유아 교육프로그램
저자 비피교육연구소 / 30,000

197 화장품 사업 개론
저자 비피기술거래 / 30,000

198 4차 산업혁명의 핵심; 에너지 신기술 보고서
저자 비피기술거래 · 한상훈 / 60,000

199 4차 산업과 마이스(MICE) 컨벤션 산업의 발전 (한국어,베트남어)
저자 비피기술거래 / 30,000

200 혼자 영화 보기의 46가지 장점과 소확행 이야기
저자 비피기술거래 / 30,000

201 이너뷰티와 4차 산업혁명의 만남; 건강기능식품 산업 보고서
저자 비피기술거래 / 60,000

202 MIT 10대 유망 기술과 유관 산업 분석
저자 비피기술거래 / 30,000

203 동호인 테니스, 배드민턴처럼 치면 금방 고수가 된다
저자 박기혁 / 25,000

204 PD, 작가들이 즐겨보는 방송소재집;청춘이 열광하는 음악에 대한 이야기
저자 비피엔터컨텐츠연구소 / 30,000

205 카페 커피숍 무조건 망하니까 절대 하지마라 (베트남어)
저자 비피베트남어연구회 / 30,000

206 모으고, 절약하고, 불리는 재테크의 모든 것
저자 서울공대OB주식연구회 / 30,000

207 누구나 쉽게 무료로 저자가 될 수 있다
저자 비피생활문화연구소 / 30,000

208 작지만 강한 카페로 살아남는 법; 책 저자를 무료로 만들어 주는 카페
저자 비피생활문화연구소 / 30,000

209 4차 산업시대의 스마트 가전
저자 비피기술거래 / 60,000

210 베트남인 생활 관찰 정보를 통한 유망 사업 수요 분야 정리
저자 비피기술거래 / 30,000

211 좋은 수업을 꿈꾸는 유아교사를 위한 발문 안내서
저자 비피교육연구소 / 30,000

212 중미 무역 전쟁; 뉴패러다임의 도래와 우리의 과제
저자 비피기술거래 / 30,000

213 5G 시대의 도래와 정보 보안
저자 비피기술거래 / 60,000

214 4차 산업혁명 시대의 교육 산업의 변화
저자 비피교육연구소 / 30,000

215 4차 산업혁명과 힐링산업 코드
저자 비피기술거래 / 30,000

216 4차 산업혁명 시대의 무인산업 안내서
저자 비피기술거래 / 60,000

217 작은 카페 차려서 망하지 않으려면 카페와 출판사를 같이 차려라
저자 비피기술거래 / 30,000

218 잘 팔리는 책을 빨리 쓰는 방법; 커피타임즈 글쓰기 책내기 센터_베트남어
저자 비피베트남어연구회 / 30,000

219 4차 산업혁명과 공유 경제; 공유 플랫폼 전략
저자 비피기술거래 / 30,000

220 작은 카페 창업은 셀프 카페, 스터디 카페, 무인 카페로 손해를 줄여라
저자 비피생활문화연구소 / 30,000

221 독후감으로 읽는 대학생이라면 꼭 읽어야 할 필독도서
저자 비피교육연구소 / 30,000

222 비평문으로 읽는 대학생이라면 꼭 읽어야 할 필독도서
저자 비피교육연구소 / 30,000

223 산업 트렌드로 꿰뚫는 창업전략; 코인노래방
저자 비피생활문화연구소 / 30,000

224 한반도 폭염을 정책과 사업, 소확행 관점에서 심상치 않게 볼 57가지 이유
저자 비피기술거래 / 30,000

225 4차 산업혁명시대의 자율주행 자동차 산업백서
저자 비피기술거래 / 60,000

226 3일 만에 책 한 권 쓰기 프로젝트 (베트남어)
저자 비피베트남어연구회 / 30,000

227 미술활동을 좋아하는 유아교사를 위한 아동미술심리 입문하기
저자 비피교육연구소 / 30,000

228 새벽 지하철이 부와 건강을 가져다주는 26가지 이유; 소확행과 글쓰기
저자 비피생활문화연구소 / 30,000

229 창업 대비 필수 마케팅 전략 보고서
저자 비피기술거래 / 30,000

230 PD, 작가들이 즐겨보는 방송소재집; 글쓰기로 우울증 극복하는 방법
저자 비피기술거래 / 30,000

231 하루만에 끝내는 전자회로 개론
저자 비피생활문화연구소 / 30,000

232 누구나 쉽게 무료로 저자가 될 수 있다 (베트남어)
저자 비피베트남어연구회 / 30,000

233 PD, 작가들이 즐겨보는 스토리 소재집; 치과의사와 치과병원편
저자 비피생활문화연구소 / 30,000

234 잘 나가는 유튜브와 책 만들기; 13가지 이유라는 식으로 제목을 잡아라
저자 비피생활문화연구소 / 30,000

235 LG화학주식 매수 전 알아야 할 용어와 이슈 54가지
저자 서울공대OB주식연구회 / 30,000

236 작지만 강한 카페로 살아남는 법; 책 저자를 무료로 만들어 주는 카페(베트남어)
저자 비피베트남어연구회 / 30,000

237 박항서 감독이 몰고 온 베트남 바람
저자 비피기술거래 / 30,000

238 삼성전자 주식 매수 전 알아야 할 용어와 이슈 30가지
저자 서울공대OB주식연구회 / 30,000

239 회사의 자금을 원활히 조달하는 방법; 작은 회사 대표도 할 수 있는 미니 M&A
저자 비피기술거래 / 30,000

240 해외에서 글을 쓰면 빨리 좋은 글이 써지는 59가지 이유; 소확행적 해외 글쓰기 꿀팁
저자 비피생활문화연구소 / 30,000

241 미국 방열기판 시장 동향 조사 분석
저자 비피기술거래 / 60,000

242 장사가 부진한 카페는 상담 카페로 전환해서 적자를 면하라
저자 비피생활문화연구소 / 30,000

243 해외에서 유튜브 아이디어를 구상하면 좋은 63가지 이유; 유튜브 시장 성공전략 1
저자 비피생활문화연구소 / 30,000

244 잘 나가는 웹툰 만들기; 13가지 이유라는 식으로 제목을 잡아라
저자 비피생활문화연구소 / 30,000

245 예술의 17가지 속성을 이해해야 1인 미디어로 돈 번다; 유튜브 시장 성공전략 2
저자 비피생활문화연구소 / 30,000

246 셀트리온 3형제 주식 매수 전 알아야 할 이슈와 용어 34가지
저자 서울공대OB주식연구회 / 30,000

247 중국 방문 없이 중국을 빠르게 이해하는 법; 유튜브 시장 성공전략 3
저자 비피생활문화연구소 / 30,000

248 원격의료 그 논란의 속살을 파헤친다
저자 비피기술거래 / 60,000

249 4개 국어에 능통하면 유튜버와 소확행에 좋은 10가지 이유; 유튜브 시장 성공전략 4
저자 비피생활문화연구소 / 30,000

250 닌텐도 주식 투자 전 알아야 할 닌텐도의 모든 것
저자 서울공대OB주식연구회 / 30,000

251 외국어 들리는 대로 한글로 적어라; 4개 국어 하는 취준생 양성 프로젝트 1
저자 비피생활문화연구소 / 30,000

252 4개 국어 하는 고경력 은퇴자 양성 프로젝트 1; 외국어 들리는 대로 한글로 적어라
저자 비피생활문화연구소 / 30,000

253 전문가가 말하는 화장품업 진입 및 미래 생존전략; 사업자를 위한 화장품 정보 각론
저자 비피뷰티바이오사업부 / 30,000

254 미국이 중국 푸젠반도체를 제재함의 경제 정책적 의미; 주식 시장 영향 분석집 1
저자 서울공대OB주식연구회 / 30,000

255 SK텔레콤 주식 매수 전 알아야 할 용어와 이슈 41가지; 주식 시장 영향 분석집 2
저자 서울공대OB주식연구회 / 30,000

256 동진쎄미켐 주식 매수 전 알아야 할 용어와 이슈 55가지; 주식 시장 영향 분석집 3
저자 서울공대OB주식연구회 / 30,000

257 중국 푸젠반도체를 트럼프가 제재함의 산업 정책적 의미; 정책가와 테크노파크 연구원 필독서 1
저자 비피기술거래 / 30,000

258 외국어 들리는 대로 한글로 적어라; 4개 국어 하는 기업 간부 양성 프로젝트 1
저자 비피생활문화연구소 / 30,000

259 중국제조 2025; 미중 무역 전쟁의 배경과 전망
저자 비피기술거래 / 30,000

260 아디다스, 나이키 주식 매수 전 알아야 할 키워드 48가지; 주식 시장 영향 분석집 4
저자 서울공대OB주식연구회 / 30,000

261 공부의 신들이 말하는 변호사 시험 무조건 합격하는 법 1; 주관식 시험 눈으로만 보면 망한다
저자 비피생활문화연구소 / 30,000

262 신라젠 주식 매수 전 알아야 할 용어와 이슈 30가지; 주식 시장 영향 분석집 5
저자 서울공대OB주식연구회 / 30,000

263 키워드를 선점해야 돈 번다; 유튜브 시장 성공전략 5
저자 비피생활문화연구소 / 30,000

264 해외에서 글을 쓰면 빨리 좋은 글이 써지는 59가지 이유 (베트남어)
저자 비피베트남어연구회 / 30,000

265 삼성바이오로직스 주식 매수 전 알아야 할 용어와 이슈 54가지; 주식 시장 영향 분석집 6
저자 서울공대OB주식연구회 / 30,000

266 푸젠반도체를 둘러싼 미중 무역전쟁과 반도체 상식 늘리기; 취업 면접 대비집
저자 비피기술거래 / 30,000

267 탄수화물 섭취 체계적으로 줄이기; 건강하게 다이어트 하는 법 1
저자 비피생활문화연구소 / 30,000

268 주관식 시험 눈으로만 보면 망한다; 공부의 신들이 말하는 행정고시 무조건 합격하는 법 1
편집 비피엔터컨텐츠연구소 / 30,000

269 네이버 주식 매수 전 알아야 할 키워드 39가지; 주식 시장 영향 분석집 7
저자 서울공대OB주식연구회 / 30,000

270 책 읽어주는 유튜브; 유튜브 시장 성공전략 6
저자 비피생활문화연구소 / 30,000

271 게임 관련 기업 주식 매수 전 알아야 할 용어와 이슈 31가지; 주식 시장 영향 분석집 8
저자 서울공대OB주식연구회 / 30,000

272 한미약품 주식 매수 전 알아야 할 용어와 이슈 56가지; 주식 시장 영향 분석집 9
저자 서울공대OB주식연구회 / 30,000

273 미디어 플랫폼 기업 주식 매수 전 알아야 할 용어와 이슈 30가지; 주식 시장 영향 분석집 10
저자 서울공대OB주식연구회 / 30,000

274 투잡 유튜버가 돼야 오래 간다; 유튜브 시장 성공전략 7
저자 비피생활문화연구소 / 30,000

275 외국어 문법 상관없이 듣고 적어라; 4개 국어 하는 유튜버 양성 프로젝트 1
저자 비피생활문화연구소 / 30,000

276 4차 산업혁명 시대를 뒷받침하는 핵심 소재 이야기
저자 비피기술거래 / 60,000

277 외국어 2음절씩 리듬 타고 들어라; 4개 국어 하는 유튜버 양성 프로젝트 2
저자 비피생활문화연구소 / 30,000

278 대웅제약 주식 매수 전 알아야 할 용어와 이슈 58가지; 주식 시장 영향 분석집 11
저자 서울공대OB주식연구회 / 30,000

279 장기적 불황을 타개하고 산업을 선도할 수출 효자 종목 및 국내 유망 신산업 11가지
저자 비피기술거래 / 30,000

280 역량의 10프로만 유튜브에 투자하라; 출판사에서 유튜브 회사로의 전환 전략 1
저자 비피생활문화연구소 / 30,000

281 베스트 요약으로 제목과 타겟을 정하라; 출판사에서 유튜브 회사로의 전환 전략 2
저자 비피생활문화연구소 / 30,000

282 GC녹십자 주식 매수 전 알아야 할 용어와 이슈 62가지; 주식 시장 영향 분석집 12
저자 서울공대OB주식연구회 / 30,000

283 카카오뱅크 모임통장이 대박 난 이유; 주식 시장 영향 분석집 13
저자 서울공대OB주식연구회 / 30,000

284 한국전력 주식 매수 전 알아야 할 용어와 이슈; 주식 시장 영향 분석집 14
저자 서울공대OB주식연구회 / 30,000

285 화학회사들이 올인하는 TIM과 엘라스토머 등 전기차 방열문제 트렌드; 주식 시장 영향 분석집 15
저자 서울공대OB주식연구회 / 30,000

286 일동제약 주식 매수 전 알아야 할 용어와 이슈 49가지; 주식 시장 영향 분석집 16
저자 서울공대OB주식연구회 / 30,000

287 유한양행 주식 매수 전 알아야 할 용어와 이슈 48가지; 주식 시장 영향 분석집 17
저자 서울공대OB주식연구회 / 30,000

288 전자책 이북과 유튜브를 같이 하라; 출판사에서 유튜브 회사로의 전환 전략 3
저자 비피생활문화연구소 / 30,000

289 종근당 주식 매수 전 알아야 할 용어와 이슈 52가지; 주식 시장 영향 분석집 18
저자 서울공대OB주식연구회 / 30,000

290 한 권으로 살펴보는 에너지저장시스템 (ESS)
저자 비피기술거래 / 60,000

291 의미 부여로 단어를 외우고 눈으로 받아쓰라_ 4개 국어 하는 유튜버 양성 프로젝트 3
저자 비피생활문화연구소 / 30,000

292 현대자동차 주식 매수 전 알아야 할 용어와 이슈_ 주식 시장 영향 분석집 19
저자 서울공대OB주식연구회 / 30,000

293 에너지저장시스템(ESS)과 관련한 최신 이슈 26가지
저자 비피기술거래 / 60,000

294 사회복지직공무원 시험 마약 암기법
저자 비피공무원시험연구소 / 30,000

295 JW중외제약의 핫 키워드와 이슈 모르면 주식 대박 힘들다
저자 서울공대OB주식연구회 / 30,000

296 9급 일반행정직 시험 모르면 나만 떨어지는 마약 암기법
저자 비피공무원시험연구소 / 30,000

297 9급 일반행정직 마약 암기에 따른 문제풀이법
저자 비피공무원시험연구소 / 30,000

298 반도체주의 핫 키워드와 이슈 모르면 주식 대박 힘들다_ SK하이닉스 편
저자 서울공대OB주식연구회 / 30,000

299 자율주행 자동차주의 핫 키워드와 이슈 모르면 주식 대박 힘들다_ 현대모비스 편
저자 서울공대OB주식연구회 / 30,000

300 7급 일반행정직 공무원시험 모르면 나만 떨어지는 마약 암기법
저자 비피공무원시험연구소 / 30,000

301 JLPT N4,N5 단어 기독교 신앙심으로 초스피드 외우기
저자 비피일본어연구회 / 19,500

302 최단시간으로 중국어 HSK 2~4급 획득하는 법
저자 비피중국어연구회 / 19,500

303 1인 미디어플랫폼주의 핫 키워드와 이슈 모르면 주식 대박 힘들다
저자 서울공대OB주식연구회 / 19,500

304 5G 빅사이클 시작, 이동통신 3사의 핫 키워드와 이슈 모르면 주식 대박 힘들다
저자 서울공대OB주식연구회 / 19,500

305 5G 최대수혜주, 통신장비업종 3사의 핫 키워드와 이슈 모르면 주식 대박 힘들다
저자 서울공대OB주식연구회 / 19,500

306 기출로 보는 임상심리사 2급 필기_ 최단 시간 마약 암기 문제풀이법
저자 최단시간임상심리사연구회 / 19,500

307 전교 20등을 전교 5등으로 만드는 문제풀이법
저자 전교5등클리닉 / 19,500

308 5G 최대수혜주, 5G폰 부품업체 4사의 핫 키워드와 이슈 모르면 주식 대박 힘들다
저자 서울공대OB주식연구회 / 19,500

309 핀테크 관련 최대수혜주의 핫 키워드와 이슈 모르면 주식 대박 힘들다
저자 서울공대OB주식연구회 / 19,500

310 9급 법원직 공무원시험 모르면 나만 떨어지는 마약 암기법
저자 최단시간공무원시험연구소 / 19,500

311 주택관리사 민법총칙 직장 다니며 공부하는 노하우와 최단시간 문제풀이법
저자 최단시간주택관리사시험연구소 / 19,500

312 신라젠 회사 취업을 위해 꼭 알아야 할 용어와 이슈
저자 비피기술거래 / 19,500

313 7급 공무원 행정법 암기 노하우와 최단시간 문제풀이법
저자 최단시간공무원시험연구소 / 19,500

314 불황없는 엔젤산업 최대수혜주 핫 키워드와 이슈 모르면 주식 대박 힘들다
저자 비피기술거래 / 19,500

315 9급 공무원 행정학 암기 노하우와 최단시간 기출문제풀이법
저자 최단시간공무원시험연구소 / 19,500

316 삼성바이오로직스 취업을 위해 꼭 알아야 할 용어와 이슈
저자 비피기술거래 / 19,500

317 9급 공무원 행정학 모르면 나만 떨어지는 핵심 키워드 (인사편)
저자 최단시간공무원시험연구소 / 19,500

318 SK텔레콤 취업을 위해 꼭 알아야 할 용어와 이슈
저자 비피기술거래 / 19,500

319 토익 LC 고득점을 위해 헷갈리는 부분 정복하기_ 영국 호주식 발음
저자 최단시간토익시험연구소 / 19,500

320 공부의 신들이 말하는 변리사 시험 무조건 합격하는 법_ 주관식 시험 눈으로만 보면 망한다
저자 최단시간변리사시험연구소 / 19,500

321 4차 산업혁명의 핵심 스마트시티 최대 수혜주 핫 키워드와 이슈 모르면 주식 대박 힘들다
저자 서울공대OB주식연구회 / 19,500

322 대웅제약 취업을 위해 꼭 알아야 할 용어와 이슈
저자 비피기술거래 / 19,500

323 블록체인 플랫폼 최대수혜주 4대 기업과 핵심이슈 모르면 주식 대박 힘들다
저자 서울공대OB주식연구회 / 19,500

324 GC녹십자 취업을 위해 꼭 알아야 할 용어와 이슈
저자 비피기술거래 / 19,500

325 9급 법원직 공무원시험 민법총칙 직장 다니며 공부하는 노하우와 최단시간 문제풀이법
저자 최단시간공무원시험연구소 / 19,500

326 5G 시대 IOT 최대 수혜주 3대 기업과 핵심이슈 모르면 주식 대박 힘들다
저자 서울공대OB주식연구회 / 19,500

327 한국전력 취업을 위해 꼭 알아야 할 용어와 이슈
저자 비피기술거래 / 19,500

328 5급 공무원 2차 주관식시험 반드시 합격한다_ 서브노트 과연 필요한가
저자 최단시간공무원시험연구소 / 19,500

329 핀테크(FinTech)관련 산업 전망과 핵심기업 핫이슈
저자 비피기술거래 / 19,500

330 수능 일본어 한글 활용 단어장과 최단시간 암기법
저자 최단시간일본어연구회 / 19,500

331 유한양행 취업을 위해 꼭 알아야 할 용어와 이슈
저자 비피기술거래 / 19,500

332 미중 무역전쟁 최대수혜주 5대 기업과 핫이슈 모르면 주식 대박 힘들다
저자 서울공대OB주식연구회 / 19,500

333 종근당 취업을 위해 꼭 알아야 할 용어와 이슈
저자 비피기술거래 / 19,500

334 최단시간에 수능 이과 수학 풀려면 3단계법으로 하라
저자 최단시간수능시험연구회 / 19,500

335 현대자동차 취업을 위해 꼭 알아야 할 용어와 이슈
저자 비피기술거래 / 19,500

336 SK하이닉스 취업을 위해 꼭 알아야 할 용어와 이슈
저자 비피기술거래 / 19,500

337 교육서비스 관련 5대 기업과 핵심이슈 모르면 주식 대박 힘들다
저자 서울공대OB주식연구회 / 19,500

338 현대모비스 취업을 위해 꼭 알아야 할 용어와 이슈
저자 비피기술거래 / 19,500

339 4차 산업혁명 핵심분야 핫 키워드와 이슈 모르면 주식 대박 힘들다
저자 서울공대OB주식연구회 / 19,500

340 법원행시 주관식 시험 표출해야 합격한다_ 민법 점수 올리는 꿀팁
저자 최단시간법원행시연구회 / 19,500

341 4차 산업혁명 바이오, 에너지 분야 핫이슈 모르면 주식 대박 힘들다
저자 서울공대OB주식연구회 / 19,500

342 스마트팩토리 최대수혜주 2대 기업과 핫이슈 모르면 주식 대박 힘들다
저자 서울공대OB주식연구회 / 19,500

343 1인 미디어플랫폼 회사 취업을 위해 꼭 알아야 할 용어와 이슈
저자 비피기술거래 / 19,500

344 5G시대 이동통신 회사 취업을 위해 꼭 알아야 할 용어와 이슈
저자 비피기술거래 / 19,500

345 세무사 2차 시험 무조건 합격하는 법_ 눈으로만 보면 주관식 시험은 망한다
저자 최단시간세무사시험연구회 / 19,500

346 5G시대 미디어 콘텐츠 산업 핫 키워드와 이슈 모르면 주식 대박 힘들다
저자 서울공대OB주식연구회 / 19,500

347 보험계리사 2차 필수합격을 위한 공부법과 서브노트의 필요성
저자 최단시간보험계리사연구소 / 19,500

348 5G시대 통신장비업종 취업을 위해 꼭 알아야 할 용어와 이슈
저자 비피기술거래 / 19,500

349 최단시간에 주택관리사 회계원리 개념과 문제풀이 쉽게 정복하는 법
저자 최단시간주택관리사연구소 / 19,500

350 5G폰 부품업체 취업을 위해 꼭 알아야 할 용어와 이슈
저자 비피기술거래 / 19,500

351 日 반도체소재 수출규제에 따른 최대수혜주와 이슈 모르면 주식 대박 힘들다
저자 서울공대OB주식연구회 / 19,500

352 최단시간에 전산회계 1급 이론과 개념 정복하기
저자 최단시간전산회계연구회 / 19,500

353 5G시대 게임 산업 핫 키워드와 이슈 모르면 주식 대박 힘들다
저자 서울공대OB주식연구회 / 19,500

354 핀테크 관련 기업 취업을 위해 꼭 알아야 할 용어와 이슈
저자 비피기술거래 / 19,500

355 사회초년생을 위한 자산관리 필독서
저자 비피기술거래 / 19,500

356 엔젤산업 관련 기업 취업을 위해 꼭 알아야 할 용어와 이슈
저자 비피기술거래 / 19,500

357 스마트시티 관련 기업 취업을 위해 꼭 알아야 할 용어와 이슈
저자 비피기술거래 / 19,500

358 블록체인 플랫폼 기업 취업을 위해 꼭 알아야 할 용어와 이슈
저자 비피기술거래 / 19,500

359 IOT 관련 기업 취업을 위해 꼭 알아야 할 용어와 이슈
저자 비피기술거래 / 19,500

360 교육서비스 관련 기업 취업을 위해 꼭 알아야 할 용어와 이슈
저자 비피기술거래 / 19,500

361 4차 산업혁명 핵심분야 취업을 위해 꼭 알아야 할 용어와 이슈
저자 비피기술거래 / 19,500

362 4차 산업혁명 바이오, 에너지 분야 취업을 위해 꼭 알아야 할 용어와 이슈
저자 비피기술거래 / 19,500

363 스마트팩토리 관련 기업 취업을 위해 꼭 알아야 할 용어와 이슈
저자 비피기술거래 / 19,500

364 미디어, 콘텐츠 관련 기업 취업을 위해 꼭 알아야 할 용어와 이슈
저자 비피기술거래 / 19,500

365 경영지도사 2차 나만의 주관식 문제집을 만들어야 반드시 합격한다
저자 최단시간경영지도사연구회 / 19,500

366 제약 바이오 산업 최대수혜주 5개 기업과 이슈 모르면 주식 대박 힘들다
저자 서울공대OB주식연구회 / 19,500

367 아프리카 돼지열병 관련 7개 기업과 이슈 모르면 주식 대박 힘들다_
저자 서울공대OB주식연구회 / 19,500

368 日반도체소재 수출규제로 떠오르는 기업 취업을 위해 꼭 알아야 할 용어와 이슈
저자 비피기술거래 / 19,500

369 게임 산업 관련 기업 취업을 위해 꼭 알아야 할 용어와 이슈
저자 비피기술거래 / 19,500

370 공인중개사 남들보다 하루라도 먼저 붙는 방법
저자 최단시간공인중개사연구회 / 19,500

371 네이버 취업을 위해 꼭 알아야 할 용어와 이슈
저자 비피기술거래 / 19,500

372 폴더블 스마트폰 시대 최대수혜주 5개 기업과 이슈 모르면 주식 대박 힘들다
저자 서울공대OB주식연구회 / 19,500

373 사회조사분석사 2급 필답형 핵심키워드 간단하게 외워 합격하기
저자 최단시간사조사연구회 / 19,500

374 제약 바이오 산업 관련 기업 취업을 위해 꼭 알아야 할 용어와 이슈
저자 비피기술거래 / 19,500

375 고령사회 실버산업 핫키워드와 이슈 모르면 주식 대박 힘들다
저자 서울공대OB주식연구회 / 19,500

376 개업공인중개사의 네트워크 활동을 통한 경영성과 향상방안
저자 이강복 / 23,000

377 한미약품 취업을 위해 꼭 알아야 할 용어와 이슈
저자 비피기술거래 / 19,500

378 영어 긴 문장도 듣고 말할 수 있는 직효 방법_ 유학준비생을 위한 책
저자 최단시간영어연구회 / 19,500

379 일동제약 취업을 위해 꼭 알아야 할 용어와 이슈
저자 비피기술거래 / 19,500

380 오픈뱅킹과 금융플랫폼 최대수혜주 기업과 이슈 모르면 주식 대박 힘들다
저자 서울공대OB주식연구회 / 19,500

381 행정고시 스트레스나 우울증 없이 쉽게 합격하는 법
저자 최단시간행정고시연구회 / 19,500

382 JW중외제약 취업을 위해 꼭 알아야 할 용어와 이슈
저자 비피기술거래 / 19,500

383 아프리카 돼지열병 관련 기업 취업을 위해 꼭 알아야 할 용어와 이슈
저자 비피기술거래 / 19,500

384 일본어 직청직해로 어휘의 범위를 넓혀라_ 일본 유학준비생을 위한 조언
저자 최단시간일본어연구회 / 19,500

385 투자선호국 1위 베트남 진출 최대수혜주 기업과 이슈 모르면 주식 대박 힘들다
저자 서울공대OB주식연구회 / 19,500

386 폴더블 스마트폰 관련 기업 취업을 위해 꼭 알아야 할 용어와 이슈
저자 비피기술거래 / 19,500

387 이차전지 최대수혜주 5개 기업과 이슈 모르면 주식 대박 힘들다
저자 서울공대OB주식연구회 / 19,500

388 OLED 디스플레이 최대수혜주 7개 기업과 이슈 모르면 주식 대박 힘들다
저자 서울공대OB주식연구회 / 19,500

389 고령사회 실버산업 관련 기업 취업을 위해 꼭 알아야 할 용어와 이슈
저자 비피기술거래 / 19,500

390 자동화시대 정보보안산업 최대수혜주 6개 기업과 이슈 모르면 주식 대박 힘들다
저자 서울공대OB주식연구회 / 19,500

391 신참법조인(변호사, 법무사, 행정사)이 개업 전 전문서적 읽고 정보 습득하는 법
저자 법조연구회 / 19,500

392 급변하는 새로운 금융플랫폼 관련 기업 취업을 위해 알아야 할 용어와 이슈
저자 비피기술거래 / 19,500

393 인플루언서 마케팅 관련 핫 키워드와 이슈 모르면 주식 대박 힘들다
저자 서울공대OB주식연구회 / 19,500

394 비법예문 500가지로 수능 일본어 단어 2달 안에 다 외우기
저자 최단시간일본어연구회 / 19,500

395 2020년 대세 멀티카메라 최대수혜주 5개 기업과 이슈 모르면 주식 대박 힘들다
저자 서울공대OB주식연구회 / 19,500

396 행정사 시험의 시작부터 합격 후의 모든 것 Q_A 가이드
저자 법조연구회 / 19,500

397 신참법조인(변호사, 법무사, 행정사)을 위한 바이오 분야 이슈 및 용어 필독서
저자 법조연구회 / 19,500

398 법조인(변호사, 법무사, 행정사)이 강의 할 때 실수하는 32가지 사례 분석
저자 법조연구회 / 19,500

399 법조인(변호사, 법무사, 행정사)의 영업 전략
저자 법조연구회 / 19,500

400 미세먼지 재난 최대수혜주 6개 기업과 이슈 모르면 주식 대박 힘들다
저자 서울공대OB주식연구회 / 19,500

401 어떼요 재수삼수로 의대 들어가기 (20년 3월판)
저자 의대입시연구회 / 19,500

402 베트남 진출 기업 취업을 위해 꼭 알아야 할 용어와 이슈
저자 비피기술거래 / 19,500

403 발포제 산업 최대수혜주 5개 기업과 이슈 모르면 주식 대박 힘들다
저자 서울공대OB주식연구회 / 19,500

404 화장품 산업 최대수혜주 4개 기업과 이슈 모르면 주식 대박 힘들다
저자 비피기술거래 / 19,500

405 법조인이 알아야 할 요기요 같은 배달배송업의 실태와 미래성
저자 법조연구회 / 19,500

406 한한령 해제 최대수혜주 5개 기업과 이슈 모르면 주식 대박 힘들다
저자 서울공대OB주식연구회 / 19,500

407 다문화 가족이 꼭 알고 있어야 손해 보지 않는 노동법
저자 법조연구회 / 19,500

408 재수삼수로 의대가기_ 수학도 결국 외운 것만 실력을 발휘한다
저자 의대입시연구회 / 19,500

409 차세대 디스플레이 관련 기업 취업을 위해 꼭 알아야 할 용어와 이슈
저자 비피기술거래 / 19,500

410 재수삼수로 의대가기_ 수학도 결국 외운 것만 실력을 발휘한다
저자 의대입시연구회 / 19,500

411 담배소매인 지정을 준비하는 사장님들이 꼭 알고 있어야 할 담배사업법
저자 법조연구회 / 19,500

412 신종 코로나바이러스 최대수혜주 6개 기업과 이슈 모르면 주식 대박 힘들다
저자 서울공대OB주식연구회 / 19,500

413 영업이 힘든 법조인을 위한 심리 위안서_ 그래도 법조인이 제일 낫다
저자 법조연구회 / 19,500

414 정보보안산업 관련 기업 취업을 위해 꼭 알아야 할 용어와 이슈
저자 비피기술거래 / 19,500

415 에너지 산업과 이차전지 관련 기업 취업을 위해 꼭 알아야 할 용어와 이슈
저자 비피기술거래 / 19,500

416 수제초콜릿 사업과 부업에 대한 가이드
저자 경제경영연구회 / 19,500

417 멀티카메라 관련 기업 취업을 위해 꼭 알아야 할 용어와 이슈
저자 비피기술거래 / 19,500

418 트렌디 마케팅 관련 기업 취업을 위해 꼭 알아야 할 용어와 이슈
저자 비피기술거래 / 19,500

419 어설퍼도 소설책이 될 만한 이북과 웹소설 빨리 쓰기 노하우
저자 컨텐츠연구회 / 19,500

420 셰일가스(Shale Gas) 최대수혜주 5개 기업과 이슈 모르면 주식 대박 힘들다
저자 서울공대OB주식연구회 / 19,500

421 1급 발암물질 미세먼지 관련 기업 취업을 위해 꼭 알아야 할 용어와 이슈
저자 비피기술거래 / 19,500

422 MLCC 최대수혜주 5개 기업과 이슈 모르면 주식 대박 힘들다
저자 서울공대OB주식연구회 / 19,500

423 기초산업소재 발포제 관련 기업 취업을 위해 꼭 알아야 할 용어와 이슈
저자 비피기술거래 / 19,500

424 코로나19 백신 개발 최대수혜주 5개 기업과 이슈 모르면 주식 대박 힘들다
저자 서울공대OB주식연구회 / 19,500

425 K뷰티 화장품 산업 관련 기업 취업을 위해 꼭 알아야 할 용어와 이슈
저자 비피기술거래 / 19,500

426 탁구장 사업의 전망과 개업을 위한 사업계획 가이드
저자 경제경영연구회 / 19,500

427 대중 수출 회복 관련 기업 취업을 위해 꼭 알아야 할 용어와 이슈
저자 비피기술거래 / 19,500

428 동호인 테니스 승리의 절대 정신 조건_ 집중력
저자 박기혁 / 19,500

429 코로나19 확산이 반도체 산업에 미치는 영향 및 고찰
저자 비피기술거래 / 19,500

430 코로나19 관련 기업 취업을 위해 꼭 알아야 할 용어와 이슈
저자 비피기술거래 / 19,500

431 개업 세무사의 경영판단 훈련_ 거절이나 승낙하기 애매한 제안에 대한 대처법
저자 세무업연구회 / 19,500

432 금융위기, 리츠(REITs) 최대수혜주 5개 기업과 이슈 모르면 주식 대박 힘들다
저자 서울공대OB주식연구회 / 19,500

433 사용후핵연료 처리기술 연구개발 동향
저자 비피기술거래 / 60,000

434 공실 상가주를 위한 해법_ 깔세, 임시세로 공실 해소하기
저자 경제경영연구회 / 19,500

435 코로나19 확산이 정유업계에 미치는 영향 및 고찰
저자 비피기술거래 / 19,500

436 BP와 함께 하는 에너지소비효율등급표시제도 가이드
저자 비피기술거래 / 25,000

437 코로나19 백신 관련 기업 취업을 위해 꼭 알아야 할 용어와 이슈
저자 비피기술거래 / 19,500

438 BP와 함께 하는 친환경농수산물 인증 취득 가이드
저자 비피기술거래 / 25,000

439 행정사와 경영지도사를 위한 BP와 함께 인증사업으로 수익 올리기
저자 비피기술거래 / 19,500

440 BP와 함께 하는 지능형건축물 인증 취득 가이드
저자 비피기술거래 / 25,000

441 BP와 함께 하는 품질경쟁력 우수기업 인증 취득 가이드
저자 비피기술거래 / 25,000

442 BP와 함께 하는 GR마크(우수재활용제품인증마크) 취득 가이드
저자 비피기술거래 / 25,000

443 BP와 함께 하는 위생안전기준 인증 취득 가이드
저자 비피기술거래 / 25,000

444 리츠(REITs) 관련 기업 취업을 위해 꼭 알아야 할 용어와 이슈
저자 비피기술거래 / 19,500

445 행정사, 경영, 기술지도사 실무를 위한 저공해자동차 인증 취득 가이드
저자 한국기술인증협회 / 25,000

446 행정사, 경영, 기술지도사 실무를 위한 방재신기술 인증 취득 가이드
저자 한국기술인증협회 / 25,000

447 행정 정책 공무원이 알아야 할 코로나 후 사회의 변화 모습과 대책
저자 비피기술거래 / 19,500

448 행정사, 경영, 기술지도사 실무를 위한 1등급 의료기기 인증 취득 가이드
저자 한국기술인증협회 / 25,000

449 행정사, 경영, 기술지도사 실무를 위한 전통식품품질 인증 취득 가이드
저자 한국기술인증협회 / 25,000

450 학원강사와 은퇴자들이여 인증관리사로 제2의 인생을 살아라
저자 한국기술인증협회 / 19,500

451 관세사의 영업 전략_ 인증대행 세미나와 네트워크
저자 한국기술인증협회 / 19,500

452 행정사, 경영, 기술지도사 실무를 위한 웹 접근성 품질인증 취득 가이드
저자 한국기술인증협회 / 25,000

453 행정사, 경영, 기술지도사 실무를 위한 소프트웨어(프로세스)품질인증 취득 가이드
저자 한국기술인증협회 / 25,000

454 동호인 테니스 허리, 무릎 다치지 않고 오래 치게 관리하는 법
저자 박기혁 / 19,500

455 경영, 기술지도사, 행정사 실무를 위한 유기가공식품 인증 취득 가이드
저자 한국기술인증협회 / 25,000

456 4050 여성 다이어트 비법_ 음식 안 남기고 다 먹으려는 생각을 버려라
저자 비피생활문화연구소 / 19,500

457 경영, 기술지도사, 행정사 실무를 위한 농산물우수관리(GAP)인증 취득 가이드
저자 한국기술인증협회 / 25,000

458 상가 공실 임대주를 위한 코로나 후 변화한 사회에 대한 대응책
저자 비피기술거래 / 19,500

459 아무 주식이나 사도 오르던 20년 5월의 증시와 경제 의미 분석
저자 증권투자법조인클럽 / 19,500

460 경영, 기술지도사, 행정사 실무를 위한 어린이제품안전인증 취득 가이드
저자 한국기술인증협회 / 25,000

461 경영, 기술지도사, 행정사 실무를 위한 HACCP 인증 취득 가이드
저자 한국기술인증협회 / 25,000

462 화장품 사업자를 위한 포스트 코로나 시대에서 살아남는 법
저자 비피기술거래 / 19,500

463 경영, 기술지도사, 행정사 실무를 위한 환경성적표지(EPD)인증 취득 가이드
저자 한국기술인증협회 / 25,000

464 포스트 코로나 시대에 유튜버와 컨텐츠 사업자가 나아갈 길은 어디인가
저자 비피기술거래 / 19,500

465 경영, 기술지도사, 행정사 실무를 위한 LOHAS 인증 취득 가이드
저자 한국기술인증협회 / 25,000

466 포스트 코로나 시대 반도체 관련 기업 취업을 위한 용어와 이슈
저자 비피기술거래 / 19,500

467 경영지도사, 행정사 실무를 위한 녹색기업 지정제도 가이드
저자 한국기술인증협회 / 25,000

468 코로나19 이후 정유업계 기업 취업을 위한 용어와 이슈
저자 비피기술거래 / 19,500

469 기술지도사, 행정사 실무를 위한 정보보호제품 평가인증 취득 가이드
저자 한국기술인증협회 / 25,000

470 이공학엔지니어를 위한 다이어트_ 자기보상을 확실히 해줘라
저자 비피생활문화연구소 / 19,500

471 회생위원이 감수한 알기 쉬운 개인회생 · 파산
저자 변호사 김민규 · 김미현 / 19,500

472 경영지도사, 행정사 실무를 위한 환경교육프로그램 지정제도 가이드
저자 한국기술인증협회 / 25,000

473 기술지도사, 행정사 실무를 위한 녹색인증 취득 가이드
저자 한국기술인증협회 / 25,000

474 경영지도사, 행정사 실무를 위한 KS인증 취득 가이드
저자 한국기술인증협회 / 25,000

475 기술지도사, 행정사 실무를 위한 녹색건축 인증 취득 가이드
저자 한국기술인증협회 / 25,000

476 경영지도사, 행정사 실무를 위한 건축물 에너지효율등급인증 취득 가이드
저자 한국기술인증협회 / 25,000

477 기술지도사, 행정사 실무를 위한 토종가축 인정제도 가이드
저자 한국기술인증협회 / 25,000

478 경영지도사, 행정사 실무를 위한 우수물류기업 인증 취득 가이드
저자 한국기술인증협회 / 25,000

479 예비탐정(민간조사자)이 개업을 준비할 때 알아야 할 필수팁 모음집
저자 탐정업연구회 / 19,500

480 기술지도사, 행정사 실무를 위한 동물복지축산농장인증 취득 가이드
저자 한국기술인증협회 / 25,000

481 소방설비기사(기계분야) 하루라도 먼저 붙게 하는 암기책
저자 소방수험연구회 / 19,500

482 경영지도사, 행정사 실무를 위한 드론인증 취득 가이드
저자 한국기술인증협회 / 25,000

483 주택관리사 시설개론 하루라도 빨리 붙게 하는 비법책
저자 주택관리사시험연구회 / 19,500

484 기술지도사, 행정사 실무를 위한 수산물품질인증 취득 가이드
저자 한국기술인증협회 / 25,000

485 경영지도사, 행정사 실무를 위한 수산물 지리적표시제도 가이드
저자 한국기술인증협회 / 25,000

486 행정공무원, 의원보좌관이 알아야 할 이슈_ 공매도 행동주의 회사들과 니콜라 주식
저자 행정정책연구회 / 19,500

487 정책 및 지방공무원이 알아야 할 수소차와 수소경제 이야기
저자 행정정책연구회 / 19,500

488 증권투자자가 알면 좋을 포스트 코로나 시대의 삶과 백신 개발의 선두주자
저자 증권투자연구회 / 19,500

489 정책 지방공무원이 알아야 할 바이든 당선과 트럼프 패배가 가지는 의미
저자 행정정책연구회 / 19,500

490 일론머스크의 명언과 삶 그리고 약간의 프랑스어
저자 비피기술거래 / 19,500

491 동호인 테니스 공격적 결정발리의 핵_ 어깨가 들어가는 발리
저자 박기혁 / 19,500

492 맞춤형 화장품 조제관리사 교과서 술술 읽히고 암기되게 하는 책
저자 자격증수험연구회 / 19,500

493 은퇴자가 강의 스트레스 없이 완벽한 강의하는 법
저자 비피기술거래 / 19,500

494 전달력이 좋은 유튜브 강의법과 2차 수익모델 기부 받는 유튜브 이야기
저자 박강사 / 19,500

495 가솔린차에서 전기차로의 대전환과 관련한 부품회사 직원 교육법
저자 기술튜터토니 / 19,500

496 특성화고 강사 교사가 모터를 재미있게 잘 강의하는 법
저자 기술튜터토니 / 19,500

497 반도체 지식이 부족한 반도체 관련 회사 일반직원을 교육시키는 법
저자 기술튜터토니 / 19,500

498 섬유공학 패션의류 교강사가 강의를 효율적으로 재미있게 하는 법
저자 기술튜터토니 / 19,500

499 회사원이나 공무원이 행정사 1차 객관식 시험 합격하는 방법
저자 행정사시험연구회 / 19,500